「改憲」の論点

木村草太
Kimura Souta
青井未帆
Aoi Miho
柳澤協二
Yanagisawa Kyoji
中野晃一
Nakano Koichi
西谷 修
Nishitani Osamu
山口二郎
Yamaguchi Jiro
杉田 敦
Sugita Atsushi
石川健治
Ishikawa Kenji

a pilot of wisdom

まえがき

安倍晋三首相が、二〇一七年の憲法記念日に一部新聞や集会へのメッセージで、二〇二〇年までの憲法改正を提起したことをきっかけに、憲法改正への動きが一気に強まりました。自由民主党の憲法改正推進本部は二〇一八年三月に、憲法九条に新たに「九条の二」を設け、「必要な自衛の措置」のための「実力組織」として自衛隊を明記するという方向で、改憲案の取りまとめを行いました。

その後、大阪府豊中市の小学校や愛媛県今治市の大学の学部新設をめぐり、首相やその周辺の関与が疑われる一連の問題で、官僚による公文書の改ざんや隠ぺい、国会での政治家や官僚の虚偽答弁などの事実が次々と明らかになり、政治不信が高まっています。

疑惑に真摯に答えず、言い逃れを続ける政府の態度は、国権の最高機関（憲法第四一条）たる国会への説明責任を果たすものとはいえず、憲法の枠内で行政を行うという立憲主義の根幹さえ理解していない首相や与党が主導する改憲論議には、多くの批判が寄せられているところです。国会での対立が深まり、国会の憲法調査会での審議も進んでいません。

しかし、首相やそれを支える勢力は、改憲への意志を弱めてはいません。近い将来、九条を軸として、改憲が再び政治の中心に浮上してくることは十分にありえます。いま何より必要なのは、徹底した議論です。改憲ははたして必要なのか。なぜ改憲がここまで主張されるのか。改憲の前提として何が必要か。こうした問題について、争点の所在を理解し、議論を深めていくことが求められます。

そこで、本書では、以下八つの論点を用意しました。自衛隊明記、新九条論、専守防衛、改憲勢力、アメリカ、解散権、国民投票、立憲主義。執筆陣は、権力の恣意的な運用に反対し立憲主義の回復を求める研究者らの団体である「立憲デモクラシーの会」の主要メンバーです。私たちが提示する『「改憲」の論点』が、これからの活発な議論のきっかけになれば幸いです。

目次

第三章　日本人が向き合うべき戦争と平和のあり方

柳澤協二

はじめに

一　専守防衛を逸脱する安倍政権

武力で国を守ることとの危うさ

どういう説明が欠けているか

改めて考える「専守防衛」という「戦略思想」

二　北朝鮮のミサイルからいかに守るか？

アメリカの報復という論理の不確かさ

脅威とは何か、どう防ぐか

核を使わない環境をどう作るか

米朝協議の行方

米朝首脳会談の意義

三　戦争はなぜ起きるのか、どういう平和を望むのか

戦争と平和の定義

第六章　解散をめぐる憲法問題　山口二郎

一　解散権の歴史

イギリス議会政治における解散

民主主義体制における解散の意味

解散権乱用の歴史——ナチス独裁と解散

二　日本における解散権

戦前の帝国議会

日本国憲法と解散権をめぐる論争

自民党政権下の解散

三　解散権をどう制約するか

第二次安倍政権の権力肥大と解散

解散権制約の議論

これからどうするか

第一章　自衛隊明記改憲の問題

木村草太

はじめに

二〇一七年五月三日、憲法記念日。自民党総裁である安倍晋三氏は、自衛隊に対する違憲の疑いを払拭するため、自衛隊を明記する改憲をしようと提案しました。

この提案を聞いて、私はとても驚きました。何しろ、自衛隊の最高指揮官の地位にある人が、「自衛隊違憲説は、憲法を改正しないといけないくらいに説得力のある見解だ」と認めてしまったのですから。本来なら、自民党議員を含めて、自衛隊は合憲だとしてきた多くの国会議員から、「安倍氏の発言は、首相の地位にある者の発言として不適切だ」と非難の声が上がってしかるべきです。

しかし、そうはなりませんでした。このままいくと、改憲発議も実際になされ得るでしょう。しかも、この改憲発議の内容は、なんだかよく分からない方向に行きそうです。どうしてこんなことになってしまったのか、また、安倍氏の提案をどう考えればよいのか、冷静に検討してみましょう。

一　国際法と武力行使

主権国家による武力行使は、国内だけでなく、国際社会に大きな影響を与えます。ですから、武力行使は各国の憲法・法律によって規律されるだけでなく、国際法によっても厳しく規律されています。つまり、武力行使に関する憲法条文を変えるにしても、国際法に違反する内容にしてはいけません。そこで、改憲論議の前提として、国際法の内容を確認しましょう。

一九世紀の国際法では、主権国家が他の主権国家に対して武力行使することそれ自体は違法ではありませんでした。もちろん、当時の国際法でも、武力行使やりたい放題というわけではありません。奇襲攻撃、捕虜の虐待、民間人の虐殺などは国際法違反とされていました。ただ、きちんと宣戦布告の手続きを踏み、戦時国際法のルールを守れば、武力行使それ自体は適法とされていたのです。このため、植民地の獲得、借金の回収、資源の獲得、軍事的優位を維持するための先制攻撃など、様々な目的で武力が行使されました。

しかし、二〇世紀に入ると、「宣戦布告さえすれば、いくらでも武力行使できる」というルールはさすがにおかしいと考えられるようになります。そして、一九〇七年のポーター条約（債権回収のために武力を使うことを禁じた条約）を皮切りに、一九一九年の国際連盟規約、一九二八年のパリ不戦条約など、武力行使を禁止する条約がいくつも結ばれました。そして、二度の世界大戦を経て、ついに、武力行使は原則として禁止されました。国連憲章二条四項は、次のように定めています。

【国際連合憲章二条四項】
すべての加盟国は、その国際関係において、武力による威嚇又は武力の行使を、いかなる国の領土保全又は政治的独立に対するものも、また、国際連合の目的と両立しない他のいかなる方法によるものも慎まなければならない。

これは確立した国際法原則であり、「武力不行使原則」と呼ばれています。
しかし、侵略国家が登場した場合にまでこの原則を貫けば、侵略を受けた国にとってあまりに酷です。侵略国家が現れたときには、国際社会が団結してたたかうべきでしょう。そこで、国際連合の安全保障理事会には、侵略を排除するために必要な武力行使を認める決議を出す権限が与えられています（国連憲章四二条）。この決議が出た場合、加盟国は、国連軍の軍事活動に参加したり、多国籍軍として武力行使を行ったりすることができます。例えば、一九九一年の湾岸戦争では、イラクのクウェート侵攻に対し加盟国が武力を用いることを認める決議が出されました。米軍を中心とした多国籍軍の武力行使は、この決議に根拠があったのです。

このように、侵略に対しては国連を中心に国際社会全体で対応するのが、国際法の理念となっています。とはいえ、「国連が対応をとるまで被害国は侵略を甘受しろ」というのは、さすがに不合理でしょう。また、各国の思惑がすれ違い、適切な安保理決議ができないこともあります。そこで、安保理決議が出るまでの間、各国には、個別的自衛権と集団的自衛権の行使が認められることになりました（国連憲章五一条）。

個別的自衛権とは、被害国が、自国への武力攻撃を排除するために、必要最小限度の武力行使をする権利です。他方、集団的自衛権とは、被害国から要請を受けた国が、被害国の防衛を援助するために、必要最小限度の武力行使を行う権利です。時折、「個別的自衛権と集団的自衛権を区別しているのは日本だけだ」などと言う人がいますが、そんなことはありません。この二つの権利は行使要件が異なる別々の権利です（詳しくは、小寺彰他編『講義国際法（第二版）』有斐閣、二〇一〇年、第一七章の記述が参考になります）。

二　憲法九条と政府解釈の基本的論理

さて、ここまでの議論を整理すると、現在の国際法では、武力不行使原則が確立しており、例外として、①安保理決議に基づく国連軍・多国籍軍の武力行使、②集団的自衛権の行使、③個別的自衛権の行使の三種類の武力行使が認められるのみ、ということになります。もっとも、これらの武力行使は、「国際法上やってよい」というだけで、「必ずやらなくてはならない」というものではありません。つまり、各国が、憲法や法律で独自に武力行使を制限しても、国際法違反にはなりません。

実際、議会が承認しなければ、多国籍軍に参加したり、集団的自衛権を行使したりできないようにしている国もたくさんあります。また、ある時期までのドイツ（西ドイツ）は、集団的自衛権の行使をＮＡＴＯ（北大西洋条約機構）域内に限定していました。

では、日本は武力行使について、どのような態度をとっているのでしょうか。憲法九条には次のように書かれています。


【日本国憲法第九条】

日本国民は、正義と秩序を基調とする国際平和を誠実に希求し、国権の発動たる戦争と、武力による威嚇又は武力の行使は、国際紛争を解決する手段としては、永久にこれを放棄する。
２　前項の目的を達するため、陸海空軍その他の戦力は、これを保持しない。国の交戦権は、これを認めない。

この規定を、日本政府はどのように解釈してきたのでしょうか。それが端的に示されているのが、二〇一四年七月一日の閣議決定（以下、二〇一四年七月一日閣議決定）です。この閣議決定は、それまでの政府解釈では認められていなかった集団的自衛権の行使を限定的に容認したものですが、集団的自衛権について議論する前提として、それまでの政府解釈の基本的論理を次のようにまとめています。

【政府の憲法九条解釈】

憲法第九条はその文言からすると、①国際関係における「武力の行使」を一切禁じているように見えるが、憲法前文で確認している②「国民の平和的生存権」や憲法第一三条が「生命、自由及び幸福追求に対する国民の権利」は国政の上で最大の尊重を必要とする旨定めている趣旨を踏まえて考えると、憲法第九条が、我が国が自国の平和と安全を維持し、その存立を全うするために必要な自衛の措置を採ることを禁じているとは到底解されない。一方、この自衛の措置は、あくまで外国の武力攻撃によって国民の生命、自由及び幸福追求の権利が根底から覆されるという急迫、不正の事態に対処し、国民のこれらの権利を守るためのやむを得ない措置として初めて容認されるものであり、そのための必要最小限度の「武力の行使」は許容される。これが、③憲法第九条の下で例外的に許容される「武力の行使」について、従来から政府が一貫して表明してきた見解の根幹、いわば基本的な論理であり、昭和四七年一〇月一四日に参議院決算委員会に対し政府から提出された資料「集団的自衛権と憲法との関係」に明確に示されているところである。

この基本的な論理は、憲法第九条の下では今後とも維持されなければならない。

（二〇一四年七月一日閣議決定「国の存立を全うし、国民を守るための切れ目のない安全保障法制の整備について」より。丸数字および傍線は筆者による）

憲法九条については、後に述べるように、「侵略戦争を禁じたのみで、国連軍参加や個別・集団の自衛権の行使を制限する文言とは言えない」との少数説もあります。しかし政府は、①憲法九条の文言は、安保理決議や自衛権に根拠づけられる場合も含め、武力行使を「一切禁じているように見える」文言であるとし、この少数説をとらないことを明示しています。憲法九条二項は、「侵略のための軍は持たない」とか、「国際紛争解決のための戦力は保持しない」と定めているのではなく、軍・戦力一般を保持しないとしているわけですから、差し当たり、素直な読み方と言えるでしょう。

しかし、政府解釈の基本的論理は、ここで終わるわけではありません。②の箇所では、国民の平和的生存権を宣言した前文とともに憲法一三条が引用されます。憲法一三条には、次のように書かれています。

【日本国憲法第一三条】
すべて国民は、個人として尊重される。生命、自由及び幸福追求に対する国民の権利については、公共の福祉に反しない限り、立法その他の国政の上で、最大の尊重を必要とする。

この規定は、国民の生命や自由への権利を最大限尊重することを政府に求めています。外国からの侵略にもかかわらず、政府が何の対応もとらなければ、国民の生命・自由が蹂躙《じゅうりん》されます。したがって、外国からの武力攻撃に対して、それを排除するための必要最小限度の武力行使を行うことは、政府が国民の生命、自由等を最大限尊重する義務（憲法一三条）を果たすための行為と説明できます。

自衛隊をめぐる議論を見ていると、九条にばかり目が行きがちです。しかし、憲法はもっと広い視野で論ずる必要があります。「武力行使をするな」という九条の要請と、「国民の生命や自由を保護せよ」という一三条の要請は、緊張関係にあります。もしも、外国からの侵略を受けているにもかかわらず、日本政府による武力行使を一切認めなければ、あまりに深刻な結果を招くでしょう。

そこで、政府は、「我が国が自国の平和と安全を維持し、その存立を全うするために必要な自衛の措置」は、憲法九条の下で③「例外的に許容される」武力行使と位置付けられると理解しました。

三　自衛隊と軍・戦力の概念

このように理解する場合、自衛隊のような日本の防衛をするための必要最小限度の実力組織を保有することと、九条二項の「戦力」不保持との関係について、二つの説明の仕方があります。

第一は、自衛隊は「戦力」だけれど、一三条を根拠に九条の例外として認められた存在だとする説明。第二は、一三条の趣旨と調和するように九条を読み、保有の禁じられた「軍」「戦力」とは、「自衛のための必要最小限度を超える実力」を言うのであり、自衛隊はそれにあたらないから九条二項にも違反しないという説明。

第一の説明は、とてもすっきりとします。しかし、正面から「戦力」を持ってよいと断言すると、自衛には過大な実力の保有をしそうになったときに、歯止めをかけられなくなってしまうかもしれません。そこで、政府は、第二の説明を採用し、自衛隊は、憲法九条二項に言う「軍」「戦力」ではない、と説明してきました。

こうした政府解釈に対しては、文言の理解として不自然あるいは欺瞞《ぎまん》だと言う人もいます。確かに、なんの根拠もなしに、「自衛隊は軍や戦力ではない」と言っているなら、そうした非難を受けるのも当然かもしれません。しかし、政府は、九条二項の文言だけを見て、いきなりそのような説明をしているわけではありません。憲法一三条との関係を踏まえた上で、両者を調和させる解釈を採用しているのです。政府の解釈には、かなりの説得力があるでしょう。

また、国際法的に見れば、自衛隊は軍隊であるのは明らかで、このような説明は不適切だという人もいます。確かに、国際法には、「軍隊」に該当する組織についての様々なルールがあります。自衛隊の活動の中には、国際法上の「軍隊」にあたる組織としてのものもあり、その場合に、国際法による規律を受けるのは当然のことです。

しかし、法学的には、「国際法と日本の憲法とで、同じ言葉は必ず同じ意味で使わなくてはならない」というルールはありません。法体系ごとに、言葉の意味が違うのはよくあることです。例えば、日本国憲法で「逮捕」（憲法三三条）と言った場合には「身柄拘束への着手」を意味しますが、刑事訴訟法で「逮捕」と言う場合には、「身柄拘束への着手とそれに引きつづく短期間の身柄拘束の継続」を意味します。民法と刑法では「違法」という言葉の意味が違うので、刑事法で「違法性がない」とされた行為が、民事法で「違法性がある」とされることも珍しくありません。

国際法と日本国憲法とで「軍」の意味がズレるのも、特におかしいことではないのです。

四　日本国憲法の許容する武力行使と国際法の関係

このように、政府は憲法九条や一三条を解釈した結果、「日本への武力攻撃があった場合に、防衛のために必要最低限度の武力行使は例外的に許容される」との立場をとっています。この解釈は、あくまで日本国憲法の解釈です。これを国際法の観点から見るとどうなるのでしょうか。

自国が武力攻撃を受けた場合に防衛のために行われる武力行使は、国際法上は個別的自衛権として正当化されます。このため、「憲法上、個別的自衛権の行使は許容される」と言われます。

他方、憲法一三条は、あくまで国民の生命や自由を護《まも》るように日本政府に求めるものであって、「外国を防衛せよ」とまでは書いてありません。このため、日本に武力攻撃がない段階で、安保理決議や集団的自衛権に基づき武力行使をすることは、九条の原則通りできないということになります。日本は主権国家として、国際法上は集団的自衛権の行使を認められていますが、憲法によってその行使を禁じているわけです。このことは、しばしば「日本は、集団的自衛権を持っているが、行使できない」と表現されます。

この点について、「『持っているけれど行使できない』のはおかしい」という人もいます。しかし、この表現の前段と後段では主語が違います。つまり、国際法に基づき、「日本国」は集団的自衛権を持っています。しかし、日本国憲法は、「日本政府」がそれを行使することを禁じているのです。日本国憲法とは、日本国の主権者である国民の意思です。政府は、主権者の意思である憲法に違反するような権限行使はできません。「国際法上、日本国は集団的自衛権を持っているけれど、日本国憲法により、日本政府は集団的自衛権を行使できない」ということです。

五　集団的自衛権行使の問題点

日本政府は、長年、武力行使についてこうした立場をとってきました。しかし、二〇一四年七月一日閣議決定で立場をかえました。具体的には、日本への武力攻撃のみならず、日本と密接な関係にある他国に対する武力攻撃が発生し、これにより我が国の存立が脅かされ、国民の生命、自由及び幸福追求の権利が根底から覆される明白な危険がある事態（いわゆる存立危機事態）であれば、武力行使ができるとしました。そして、二〇一五年、いわゆる安保法制で自衛隊法七六条が改正され、存立危機事態が認定された場合、自衛隊が防衛出動をして武力行使ができることになりました。存立危機事態は、外国への武力攻撃が生じている事態なので、この場合の武力行使は、国際法上は集団的自衛権で正当化することになります。

こうした政府解釈の変更は、憲法九条が「国際関係における『武力の行使』を一切禁じているように見える」文言であることを前提に、憲法一三条を根拠に「例外的な武力行使」を認めるという、従来の政府解釈の基本的論理を継承するものではありません。その上で、「憲法一三条で根拠づけられる武力行使の範囲には、一部、集団的自衛権で正当化されるものが含まれる」としたわけです。

しかし、先ほど説明したように、憲法一三条は、あくまで国民の権利を尊重しろという規定であって、外国の防衛を求めた規定ではありません。日本への武力攻撃がない段階での武力行使を憲法一三条で根拠づけることには、強い批判があります。

また、「存立危機事態」とは何なのか、政府の説明がはっきりしない点も問題です。

条文の文言だけを読むと、存立危機事態とは、「国の存立が脅かされ」、国民の権利が「根底から覆される」という非常に深刻な事態が生じた場合にしか認定できないものになっています。これを自然に読めば、日本が武力攻撃を受けているわけでもないのに、存立危機事態を認定することはできないと考えるべきでしょう。もしもそのような解釈を前提にするなら、存立危機事態とは、日本と外国とが同時に攻撃を受けている場面ぐらいしか考えられません。この場合には、従来通り、日本への武力攻撃事態（自衛隊法七六条一項一号）を認定して、国際法上は個別的自衛権で正当化すればよいだけです。

しかしながら、政府は、ホルムズ海峡の封鎖など、日本への武力攻撃がない場合にまでこの条文を適用できると説明しました。この厳格な文言にもかかわらず、「ホルムズ海峡にまで行ける」という強弁を認めるのでは、条文が何を意味しているかが全く不明になってしまいます。「時の政府ができると言ったら、なんでも武力行使ができる」という状態になってしまうでしょう。立法は、適法なものと違法なものを区別するために行うものです。適切に意味内容を画定できない立法は、それ自体、違憲と評価すべきです。そうすると、こうした政府の説明を前提にするなら、存立危機事態条項は、九条違反である以前に、曖昧で意味不明だから憲法違反だと評価されるべきです。

以上のように、二〇一五年安保法制は、集団的自衛権の行使を容認したことになっているのですが、無理をしたため、かなり混乱した状況になっています。

六　自衛隊明記改憲の方法

安倍氏は自衛隊明記の改憲を提案しました。しかし、明記すべき自衛隊の内容は、二〇一五年安保法制を前提とせざるを得ません。このため、かなり複雑な事態が生じます。この点を整理しましょう。

「自衛隊を憲法に明記する」とは、「自衛隊が何をやる組織か」を明記することです。その書き方にはいくつかあり得ますが、いずれも安倍政権にとって厳しいものばかりです。

第一の書き方は、「日本が外国から武力攻撃を受けた場合に防衛活動を行う」と書く方法です。これは、国際法上の個別的自衛権により正当化できる範囲でのみ武力行使を認め、かつ、それを超えた武力行使を認めない書き方になります。具体的には、日本の領土・領空・領海が攻撃された場合には武力行使するが、過去のベトナム戦争や湾岸戦争、イラク戦争のような場合には、日本が空爆や地上軍派遣に参加することはないという内容です。

これは日本国民が広く支持してきた自衛隊の武力行使のラインであり、この書き方で憲法改正を発議すれば可決の可能性もあるでしょう。しかし、これで可決してしまうと、安倍政権が無理をしてまで成立させた集団的自衛権行使容認条項の違憲性が、今の憲法以上に明確になってしまいます。「集団的自衛権行使は認められない」という国民の意思が、単なる世論調査ではなく国民投票によって明らかになったとなれば、安保法制を推し進めた政権にとって、大きなダメージとなるでしょう。

では、第二の書き方として、日本が武力攻撃を受けた場合に加えて、「二〇一五年安保法制で規定された集団的自衛権の限定行使のための武力行使も認める」と書いてはどうでしょうか。これが可決すれば、安保法制にかけられた違憲の疑いを払拭できます。安倍政権としては、願ったり叶《かな》ったりでしょう。

しかし、これを可決させるのは、そう簡単ではありません。自衛隊を憲法に書くことに賛成すると言う人でも、「集団的自衛権の行使容認を憲法に明記すること」に賛成してくれるとは限りません。二〇一五年の反対運動が再び盛り上がることにもなるでしょう。可決の見通しは明るくはありません。そして、改憲案が否決されれば、国民投票で安保法制が否定されたことになり、集団的自衛権行使容認は撤回せざるを得なくなるでしょう。

また、二〇一五年安保法制を憲法に書き込もうとする場合には、その内容の曖昧さも問題となります。先ほど、自衛隊法に新設された存立危機事態条項は、政府の説明を前提にすると、意味不明であることを指摘しました。「我が国の存立」云々《うんぬん》という文言を憲法に書いても、やはり意味が分からないのは同じです。それを書き込んだ憲法条項を発議しても、国民は判断に困るばかりですし、可決しても憲法解釈をめぐる混乱が大きくなるだけでしょう。

では、第三の書き方として、国際法上許された武力行使はすべて解禁するとの改憲発議をしてはどうでしょうか。日本の自衛の範囲を超えて、国際法上許されるすべての武力行使に参加する組織は、九条二項が持たないと宣言する「軍」に該当します。したがって、この改憲発議には、九条二項を削除して、軍を持つことを明記する改憲も伴う必要があります。

この書き方だと、何をやろうとしているのか、内容は明確です。しかし、世論の支持は強くありません。また、改憲発議の段階でも、自民党以外の賛成を取り付けるのは難しいと言われます。このため、現在のところ、この案で可決するのは不可能と言ってよいでしょう。

このように、自衛隊の任務の書き方として、①個別的自衛権の範囲に限定、②存立危機事態での武力行使容認も明記、③武力行使の全面解禁と三つの方法が考えられますが、いずれも険しい結論が待っています。こうした状況を前提にしたとき、安倍氏は、どんな手を採るのが最善でしょうか。おそらく、次のような改憲発議でしょう。

① 任務の範囲は明記せず、あるいは曖昧にして、「自衛隊を組織してよい」という趣旨の規定だけ書いて発議する。

② これにより、個別的自衛権までの自衛隊を明記するなら賛成だけれど、集団的自衛

権の行使容認までは賛成できないという人の賛成をとりつける。

③ 可決後に、二〇一五年安保法制を前提とした「自衛隊の現状」が国民投票で認められたと言い出す。

しかし、このような「任務を曖昧にした国民投票」作戦は、やはり卑怯《ひきょう》でしょう。政府は、国民に分かりやすく説明した上で、国民の信を問うべきです。

また、国民としても、何を基準に国民投票の判断をすればいいのか、困惑することになります。というのも、発議する側は、「この改憲をしても、自衛隊の在り方はこれまで通りです」と説明するでしょう。つまり、国民投票では「改憲してこれまで通り」と「改憲せずに現状維持」の二択を迫られることになります。何のために、多大なコストをかけて国民投票するのか、よく分かりません。これでは、国民の関心も高まらないでしょう。

さらに、「自衛隊の設置」だけを書いた場合、自衛隊が何をする組織なのかは憲法上明らかになりません。したがって、「自衛隊という名前の組織を作ることは合憲だが、個別的自衛権の行使も集団的自衛権の行使も違憲だ」とする従来の自衛隊違憲説とほぼ同じ結論の見解や、「存立危機事態での武力行使は九条二項に違反する」と批判する声は、今のまま残るでしょう。これでは、たとえ改憲できたとしても、自衛隊の違憲の疑いをなくすという目的も達成できません。

七　自衛隊をめぐる改憲発議をするなら

以上を踏まえたとき、自衛隊明記改憲をやるとすれば、どのようにやるべきでしょうか。まず、自衛隊の任務の範囲を明記することが最低限必要です。また、二〇一五年安保法制の存立危機事態の条文は、意味が曖昧すぎるので、より明確な形で書き直す必要があるでしょう。

次に、国会法六八条の三は、改憲発議を行う場合には、「内容において関連する事項ごとに区分」するように定めています。例えば、九条改正と環境権条項を発議する場合、抱き合わせ発議はできず、別々に投票しなくてはならないのです。

自衛隊の任務についてですが、①「個別的自衛権の行使を認めるべきかどうか」と、②

「集団的自衛権の行使も併せて認めるべきか」という事項は、それぞれ区別すべき事項として考えるべきでしょう。個別的自衛権と集団的自衛権とは、目的も行使要件も全く異なるからです。

そうすると、自衛隊明記改憲は、〈第一投票：日本が武力攻撃を受けた場合に、防衛のための武力の行使を認めるかどうか〉と〈第二投票：日本と密接な関係にある他の国が武力攻撃を受けた場合に、一定の条件の下で武力行使を認めるかどうか〉の二つに区分した投票をすべきです。

このように発議をすれば、絶対護憲の人は「両方×」、個別的自衛権までの自衛隊明記に賛成の人は「第一投票○、第二投票×」、集団的自衛権も認めるべきと考える人は「両方○」と投票すればよく、どのように投票すればいいかは明確になります。そして、第二投票が否決された場合は、潔く二〇一五年安保法制は修正すべきでしょう。

自衛隊の任務の範囲を曖昧にしたまま改憲発議をしようとする現在の動きは、不適切で危険だと言わざるを得ません。国民投票にかけるのであれば、国民に何を問うのかが明確になるようにして、改憲を発議すべきでしょう。

おわりに

ここまで論じたように、安倍氏の提案には、それ自体に様々な問題があります。さらに、この提案に便乗して、奇妙な持論を声高に主張する論者が百鬼夜行のように次々と登場したことが、事態の混乱に拍車をかけました。そこで、この点を補足しておきましょう。

憲法九条と自衛隊に関わる議論が盛り上がること自体は、悪いことではありません。しかし、驚くべきことに、そこで持論を披瀝《ひれき》開陳する人の多くが、政府解釈や憲法体系を全くと言っていいほど理解していないのです。現在の憲法を理解しない人々が、その改正を語れるはずがありません。

まず、自衛隊を合憲としてきた政府解釈を「欺瞞」との表現を使って、「自衛隊は違憲に決まっている」と批判する見解があります。しかし、政府の解釈は、憲法九条だけでなく、国民の生命や自由を最大限尊重するとした憲法一三条なども引用しながら組み立てられたものです。それを欺瞞とする見解は、「外国による侵略で国民の生命・自由が奪われるのを放置することも、憲法一三条に反しない」との前提に立つことになります。そちらの方が、よほど無理な解釈ではないでしょうか。

さらに、仮に自衛隊が本当に違憲だと思うなら、今すぐに自衛隊解体を主張しなければならないはずです。しかし、「自衛隊は絶対に違憲だけれど、日本のために必要だから、改憲すべき」との論者は、自衛隊の即時解体までは主張しません。それが「欺瞞」でなくて、何でしょうか。

また、安倍氏の提案に便乗する形で、この機会に、軍法・軍法会議の規定を憲法に盛り込もうと提案する人がいます。軍法とは、軍隊の活動に関する法律、軍法会議とは、軍法を適用するための特別の法廷です。軍隊の活動を評価するためには、兵器や部隊運用についての専門的知識が必要です。また、秘密保持の観点から、非公開にせざるを得ない証言などもあるでしょう。そこで、軍法会議という特別の法廷を設けることがあります。

しかし、自衛隊法等、自衛隊員を規律する罰則付きの法律は既にあります。規律が不十分だというなら、自衛隊法やＰＫＯ協力法を改正すればよいのです。それを「軍法」という名前で呼ぶことに拘泥する理由はどこにもありません。

また、現行憲法でも、家裁や知財高裁のように、法解釈に関する最高裁への上訴権を認めた上で、専門裁判所を設置することは禁止されません。法廷での秘密保持についても、憲法八二条二項本文は「裁判所が、裁判官の全員一致で、公の秩序又は善良の風俗を害する虞があると決した場合には、対審は、公開しないでこれを行ふことができる」とします。他の行政組織と異なる専門判断が必要だというなら、「防衛裁判所」を設置すればよいでしょう。それを「軍法会議」と名付けることに意味はありません。軍法・軍法会議を云々する人は、日本の法体系への基礎的理解を欠くと言わざるを得ません。単に「軍法」という響きに酔っているだけではないでしょうか。

他方、安倍提案に対し、「そもそも現行憲法でも、集団的自衛権の行使や安保理決議に基づく国連軍・多国籍軍への参加など、国際法上合法な武力行使はすべて可能であり、また、それを全面解禁すべきだ。よって、改憲は必要ない」と主張する人もいます。「軍」「戦力」の保有を禁じる九条の下で、国際法さえ守ればいくらでも軍事活動ができるという見解があるというのは、にわかには信じがたいかもしれません。では、どういう根拠で、そんなことを言っているのでしょうか。

まず、「芦田《あしだ》修正説」と呼ばれる見解は、こう説明します。憲法九条一項は、侵略のための武力行使を禁止するのみで、侵略を止めるための国連安保理決議に基づく多国籍軍の活動や、自国が侵略された場合の個別的自衛権に基づく武力行使、侵略の被害国からの要請に基づいて防衛を援助する集団的自衛権に基づく武力行使は禁止していない。そして、九条二項の「前項の目的を達するため」という文言は、一項で禁止された武力行使に使う軍や戦力の保持を禁止する趣旨で、芦田均《ひとし》議員が挿入したものだ。つまり、九条二項は侵略用の軍・戦力を禁じたもので、それ以外の目的で使う軍・戦力の保有は禁じられない。

芦田修正説に立つことを明示せずに、はっきりしない根拠で、九条は侵略用の軍・戦力の保持を禁じたのみとする人もおります。もっとも、軍・戦力の不保持を禁じた九条が、それらの保有を禁じていないと解釈する場合、「前項の目的を達するため」という文言に頼らざるを得ないので、結局、芦田修正説と同趣旨の説明になるでしょう。

しかし、「政府が集団的自衛権行使を全面的に認めることは禁じられている」とする根拠は、九条の文言だけではなく、統治機構の条文構造にもあります。すなわち、日本国憲法には、国内統治作用たる「行政」の権限を内閣に与える規定は存在します（六五条）。しかし「行政」の範囲を超えて、外国の主権領域での実力行使を行う「軍事」に関する権限を政府に認める規定がありません。この点は、天皇に統帥権や軍編成権があった明治憲法と日本国憲法との大きな違いです。

「九条で禁じられていない」という理由だけで軍事作用を認めれば、軍事権限行使の責任の所在や手続きを憲法で統制ができないことになります。それゆえ政府は、行政の範囲を超えた軍事作用を営むことは憲法上不可能と考えてきたのです。「九条は集団的自衛権の行使なども禁じていない」と主張する人は、統治機構論の体系的な理解に欠け、視野が狭すぎると言わざるを得ません。

正しい前提知識に基づかない議論は有害無益です。報道関係者も含めて、まずは、正しい知識を確認する必要があるでしょう。それができて初めて、「改憲の必要があるのか」を議論するスタート地点に立つことができるのです。

第二章　「新九条論――リベラル改憲論」の問題点

青井未帆

はじめに

長年にわたり「憲法改正をしなければ行使できない」とされてきた集団的自衛権が、二〇一四年に内閣の閣議決定により認められ、その翌年の二〇一五年には、広範な反対の声を押し切って国会で安保関連法が制定されました。その後、二〇一四年までの政府の説明では正当化されないような政策が、急速に増殖しています。

たとえば、二〇一八年度予算の防衛費は、過去最大の五兆一九一一億円にも上り、さらには戦闘機から発射する長距離巡航ミサイルの取得に関連する費用として、二二億円も計上されました。それは射程が約五〇〇kmと約九〇〇kmのミサイルで、つまり他国の領土に届く能力を持っているため、日本が掲げている専守防衛に反するのではないかとの批判を強く受けています。

かねてより、このようななし崩し的状況は、「解釈改憲」と呼ばれてきました（改憲ではありませんので、正しい語法ではありませんが）。近年では、これに対して、「新しい九条が必要だ」という議論が、いわゆるリベラルの側から唱えられるようになっています（「新九条論」）。「東京新聞」「朝日新聞」「産経新聞」といった新聞でも取り上げられて、国民の間にも一定程度、浸透しているように思われます。これまで改憲を声高に唱える論者がしばしば、日本国憲法に対する違和感や嫌悪感を示す人々であったなかで、日本国憲法のよって立つ価値を肯定しつつ改憲を提案する新九条論は新鮮に響くことでしょう。

論者によって議論に違いがありますが、本稿では、最大公約数的にまとめて、新九条論を「戦後日本の平和国家の姿を憲法に書き込んで権力を抑制する試み」と理解したいと思います。つまり、「立憲主義や平和主義のための改憲論」です。このように位置づけると、何も問題がないようにも思われます。「よし、自分たちで政治を縛ることのできる憲法九条を作ろう！」と前向きに、元気になれる、かもしれません。

わが国における立憲主義や平和主義を真剣に論じている点など、傾聴に値する議論が多いことは確かです。憲法に書き込むことによって実力を統制することは、正統な立憲主義的試みであり、むしろ正道ともいえます。しかし、総合的にみれば、今、私たちがしなくてはいけない議論は、新九条論ではないと考えます。

なぜ新九条論を退けるか、理由は大きく分ければ二つです。第一に、現在の日本の政治状況は新九条を論ずる以前の段階に留《とど》まっていることを直視するべきだ、ということです。特に文民統制という言葉に注目しながら、第二、三節で詳しく述べます。このことから目をそらすならば、非現実的なふわふわした議論になってしまい、政治的な思惑に容易に搦《から》め捕られてしまうことでしょう。日本の立憲主義や平和主義にとって、結果として大きなマイナスです。

第二に、新九条論は、九条のテキストに強いこだわりを持っていますが、条文だけの問題と理解するべきではありません。問題は深く広く、さらには九条だけの話ではないのです（第四、五節）。

憲法は中長期的にどういう国にするかを定める法です。しかも、九条は国家の実力に関わる問題です。何を見て何を考えるべきか、私たちは細心の注意を払う必要があります。

一　新九条論

新九条論を提唱する論者は、次のように現状を認識しているものといえます。「憲法の謳《うた》う平和主義と現実との乖離《かいり》は甚だしい。憲法九条は集団的自衛権の行使容認を許し、安保法制の成立を止めることができなかった。そのような九条はもはや規範としての力を持っていない」、と。

たとえば、映画作家の想田和弘氏は、新安保法成立を機に、新九条論を強く唱えるようになりましたが、それは、新安保法成立により、「かろうじて生きながらえている部分にトドメを刺され、九条そのものが殺され」たのであり、九条が事実上死文化し、憲法として権力を縛る拘束力を失っているとの理解に基づくものです。同様に、ジャーナリストの今井一氏は、二〇一四年閣議決定という「究極の解釈改憲が行われたことで、憲法九条の本旨と実態との乖離が限界に達した」と述べています。また、衆議院議員の山尾志桜里氏は、現行憲法の「立憲主義を尊重しない国家権力に対する、現行憲法の予想外の脆《もろ》さ」を指摘し、安保法制を阻止できなかった憲法九条を改正して、権力を統制する方向で憲法改正をしなければならないと説いています。

これに対する新九条論による処方箋が、「新しい九条を私たちの手で作り、立憲主義を回復し、国家の恣意的な権力行使を制約しよう」というものです。「私たちは、九条の亡骸を手厚く葬るとともに、心機一転、『新しい九条』を創って、自衛隊の行動に歯止めをかけ、制御する手立てを講じなければならない」(想田氏)とか、立憲主義と国民主権を守るために、主権者として、自衛隊を災害救助に特化・再編するか、専守防衛に徹する自衛隊を憲法に戦力として存在を認めるか、国民投票で選ばなければならない(今井氏)、などと語られています。

また、東京外国語大学の伊勢﨑賢治氏は、違憲のまま、法的地位が曖昧なまま、自衛隊が戦場に送られることの危険性を指摘し、戦争するアメリカを体内に置きながら「日本は戦争をしてこなかった」という幻想を抱くのをやめて、在日米軍基地を他国への攻撃に使わないという日米地位協定の改定をアメリカに突きつけ、自衛隊を民主主義の法体系のなかに、専守防衛の軍事組織としてしっかりと位置付けることを提唱しています。

そして新九条論とは異なりますが、東京大学の井上達夫氏は、九条を憲法から削除するべきだと論じています。安保政策についての枠組みは憲法に書き込まず、民主的な手続きに沿って決めていく。戦力の統制規範を憲法に盛り込むことを可能にするためにこそ、九条を削除すべきとの主張です。

二　政治の力量――議論の前提として

憲法九条のような、国際政治や国際法との交錯に関わる条項を論ずるにあたっては、「現実主義的」でなければなりません。それは、憲法九条を改正しやすい方法を探るという、しばしば改憲論者から示される意味での現実主義ではなく、実力を統制しうる術《すべ》を現実的に追求するという意味での、現実主義です。憲法は国家を縛る法であり、実力の統制に深く関わっていますが、憲法だけで統制できるものではありません。統制が実質的に確保されるかどうかは、政治の力量にかかっています。新九条論は、憲法の条文に責を負わせることで、この問題を棚上げする役回りを果たしてしまう恐れがあります。

実力の統制に関わる政治の力量という点で、極めて重大な事件が起きています。二〇一八年四月一六日の夜、民進党の小西洋之参議院議員が、議員会館前で統合幕僚監部の三等空佐から「お前は国民の敵だ」、あるいは「国益を損なう」との罵声を浴びせられたというものです。五・一五事件（一九三二年）、二・二六事件（一九三六年）、そして一九三八年三月三日の帝国議会で起きた「黙れ事件」に照らして、批判が相次ぎました。

さらに驚くべきことに、小野寺五典《いつのり》防衛相は、当初、四月一七日の段階で、「若い隊員であるのでさまざまな思いがあり、国民の一人として当然思うことはあると思う」と述べたのでした。これは極めて大きな問題をはらむ発言です。

五・一五事件や二・二六事件の背景に、議会に代弁されていない農民や地方小市民の不満の受け皿として陸軍が機能したという視点が示されています。自己完結的に行動する能力を有する実力組織の現職の幹部が、何が正義であるか、何が国家のためなのか、何が国益なのかを決めることがあってはいけません。なにしろ、それを自ら実行に移す力を持つ組織なのですから。小野寺防衛相は、防衛省の主任の国務大臣として、実力組織の統制という重大な責務を負っているという自覚が不足していると言わざるを得ません。政治の力量不足を私たちは直視すべきです。

新しい九条を作れば政治がそれに従うというものではありません。憲法の条文を新しくしたところで、実力の統制ができるくらいに成熟した政治がなければ、意味がない。そういう政治を作ることが、まず私たちが解決を目指さなければならない問題ではないでしょうか。政治に力量がなく、実力の統制を真剣に考えていないなかで、あるべき九条論を考えるというのは、力のかけどころを間違っているように思われてなりません。

あるいは、憲法改正を問うことを通じて政治を鍛え直すというのが新九条論の趣旨の一つかもしれませんが、それは楽観的に過ぎます。憲法改正は、政治を鍛え直すための手段ではありません。

三　文民統制

政治の力量不足・認識不足ということを「文民統制」というポイントに絞って、さらに確認しましょう。文民統制は、今日、しばしば話題になる言葉であり、自民党の憲法九条改正素案も、文民統制を明確にするために首相が最高指揮権を持つと明記したものと報道されています（「産経新聞」二〇一八年三月一四日）。自衛隊の任務が拡大する今後、さらに重要性を増すものでしょう。

文民統制の観点からの新九条論として、弁護士の倉持麟太郎氏は、九条の二を新設し、必要最小限度の範囲での個別的自衛権を行使する、必要最小限度の戦力保持を認め、民主的統制をはかり、さらには国会、内閣、司法、財政の規定の改正も行うことで戦力を統制することを論じています。

しかし、問題は形式よりも実質です。憲法に書き込むことよりも、文民統制の任務を誰がどう負っているか、きちんと責任が政治家に理解されているかが重要です。仏を作って魂入れずになってしまいかねません。

文民統制という言葉は、基本的には戦後に取り入れられた言葉です。明治憲法体制において、文民統制は理論化も、そして十分な制度化もみることはありませんでした。文民統制という概念は、第二次世界大戦後に、アメリカから導入されたものです。当時の日本人にとって、この概念は新しいものであり、理解が難しかったといわれています。

今でも、そうなのではないでしょうか。「文民統制が大事だ」といいますが、誰の任務なのでしょう。文民統制とはどういう意味なのでしょうか。文民統制という言葉は政府によってもしばしば使われますが、政治が、強い覚悟をもって、自分ごととして文民統制を説明してきたか、私は疑問を持っています。

憲法九条は、戦争放棄・戦力不保持・交戦権否認を定め、軍事の体系を否定しています。統制されるべき軍隊をそもそも欠くはずの憲法の下で文民統制とは何か、そもそもどこかはっきりしない議論であることは否めません。文民統制を語るに際しては、そういう困難を超えて、統制する強い覚悟を必要とすることに注意を払う必要があります。

平成二九年版『防衛白書』は文民統制の確保を、次のように説明しています。

「文民統制は、シビリアン・コントロールともいい、民主主義国家における軍事に対する政治の優先、又は軍事力に対する民主主義的な政治による統制を指す。わが国の場合、終戦までの経緯に対する反省もあり、自衛隊が国民の意思によって整備・運用されることを確保するため、旧憲法下の体制とは全く異なり、次のような厳格な文民統制の制度を採用している。

国民を代表する国会が、自衛官の定数、主要組織などを法律・予算の形で議決し、また、防衛出動などの承認を行う。国の防衛に関する事務は、一般行政事務として、内閣の行政権に完全に属しており、内閣を構成する内閣総理大臣その他の国務大臣は、憲法上文民でなければならないこととされている。内閣総理大臣は、内閣を代表して自衛隊に対する最高の指揮監督権を有しており、国の防衛に専任する主任の大臣である防衛大臣は、自衛隊の隊務を統括する。また、内閣には、わが国の安全保障に関する重要事項を審議する機関として国家安全保障会議が置かれている」

いかがでしょうか。「きちんとした仕組みが設けられていると安心できた」かもしれません。しかし、右には書かれていない部分に注目すべきです。それが日本の文民統制の仕組みにおいて、実質的な中心だったからです。あまり知られていないようなのですが、そこでは、実は、統制する主体が変わってきているのです。この辺りの事情を少し詳しく見ておきたいと思います。

かつては、国会での政府答弁などをみても、文民統制の主体として、防衛省（防衛庁）内部の内局がカウントされていて、しかも重視されていました。そのころの仕組みは今と異なり、制服組と政治家との間が直接的につながれておらず、背広組が媒介することが、統制的な役割として理解されていました。なかでも象徴的だったのは、防衛参事官制度です。防衛参事官は、自衛隊の方針・計画に関する指示・承認及び自衛隊の一般的監督という防衛庁の所掌事務に関する基本的方針の策定について、防衛庁長官を補佐することを任務とするものとして、防衛庁設置法で設けられました。導入にあたっては、「この制度によって政治が軍事に優先するという建前を堅持して行きたい」ということも述べられており（第一九回国会参議院本会議、一九五四年三月一八日）、つまり、文民統制の一つの制度であるという説明です。

大きく変わり始めたのは、橋本龍太郎内閣の一九九七年ころでした。背景的な事情として、組織自体の世代交代や、日米ガイドライン改定（一九九七年）など、実施内容に関する制服組の発言力が強まったことなどが指摘されています。防衛参事官制度は、平成二一年法律四四号によって廃止されました。

今日では、制服組と背広組の混合が進められており、防衛省において、文民統制機能は防衛大臣補佐体制の強化として位置づけられています（平成二九年版『防衛白書』第三部第一章第一節一参照）。でも、新しい文民統制のかたちは、よく分からないのです。先に見た平成二九年版『防衛白書』からの引用の、傍線の箇所を見てください。国家安全保障会議とは、いわゆる日本版NSCと呼ばれているもので、かつての安全保障会議が改編されて二〇一三年に設置されました。日本版ＮＳＣの九大臣会合は、総理、副総理、官房長官、総務大臣、外務大臣、財務大臣、経産大臣、国交大臣、防衛大臣、国家公安委員会委員長からなっていますが、政府は、「警察と自衛隊が切れ目なく連携して対応する必要がある。（中略）国家公安委員長は、そうした意味合いにおいて、現行の安全保障会議の議員として審議に参画をして文民統制の役割を果たすことになる」（第一八五回国会参議院国家安全保障に関する特別委員会、二〇一三年一一月二二日）と説明しています。

これはどういうことなのでしょうか。国家公安委員会は、警察行政の民主的管理と政治的中立性の確保を図ろうとするものです。軍事の統制で語られてきた文民統制の議論で説明されることには、違和感を覚えます。グレーゾーン対応という自衛隊の任務の広がりを踏まえると、意味するところはとても深いのかもしれません。

以上のように、大枠が変化しないまま、実務では防衛大臣「補佐」体制が変化・展開を遂げてきているのが、わが国の文民統制なのです。しかし、文民統制にとって、国会や文民大臣が、軍事的合理性とは独立の政治意志を形成できるかどうかが、決定的に重要なはずです。補佐体制が展開しているにもかかわらず、この部分が十分に機能していないことが問題なのです。その近時の例として、南スーダン日報事件やイラク日報事件が挙げられましょう。

この問題は、憲法改正によってどうこうできるという事柄ではなく、国会や文民政治家の意識や姿勢の問題です。そして法律以下の制度によって主要部分が形作られているのです。少なくとも、憲法に文民統制を書き込めば問題が解決するということではないことに、注意を払わなければなりません。

四　条文だけの問題ではない

次に、必ずしもすべての新九条論に当てはまるものではありませんが、議論の射程が狭いことを指摘したいと思います。新九条論の特徴は、憲法テキストに重きを置いているところにあります。〈国民と憲法〉との関係についていえば、今を生きる国民が作ることや選ぶことが決定的に重要と考えられているようです。また、テキストを新しくすることによって、現実との「乖離」や「欺瞞《ぎまん》」を解消し、規範としての力を回復できるとの前提がとられています。そして、解釈の余地のない条文を新たに定めることが可能だという理解をとっているものといえます。

誤りとは言いませんが、一面的に過ぎ、テキストの力を過大に見積もりすぎています。「乖離」や「欺瞞」という言葉は、正しい憲法解釈が存在するという理解を示していますが、唯一の正しい憲法解釈が存在するというのは、一つの立場に過ぎません。

また、憲法の条文を新しくすれば問題が解決する場合もあるでしょうが、すべてがそうとは限りません。条文を精密に定めて、解釈の余地のないものが作れるかどうか、そもそも疑問ですが、かりにできたところで、それが未来永劫《えいごう》に一義的な解釈であり続けるわけではありません。ある条文を多くの国民が「守られなければならない」対象と思わなくなったら、たんなる紙の上の文字に過ぎなくなります。国民が守らせているということを強調したいと思います。

「自分たちで作らなければならない」という議論は、どこかトマス・ジェファソンの有名な「死者の手の問題」を彷彿《ほうふつ》とさせます。ジェファソンは、「地上は、生ける者の使用権に属している」と宣言し、「死者はなんらの権限も権利も持たない」と述べました。ジェファソンは、したがって、いかなる憲法も法も、その世代の終わりとともに満了するべきと考えました。立憲主義の法理論はこの問題と今日に至るまで格闘してきたわけですが、条文以外にも注目することの重要性も指摘されてきています。たとえば、シカゴ大学教授のデイヴィッド・ストラウスは、時を超えて、多くの人と世代を跨《また》いだ進化的なプロダクトたる「生ける憲法」という見方を強調しています。

私は、憲法九条を考えるにあたっては、そのような世代を跨いだ取り組みという観点が重要なのではないかと考えます。この七〇年を、ただ憲法から「乖離」してきた過程として見ることは、適切ではないと思われるからです。少なくとも、二〇一四年の集団的自衛権の閣議決定に至るまでは、政府の九条解釈の内包する論理やその限界が認識された上で、真摯に憲法の意味を具体化する試みが存在したと、私は理解しています。政府が自ら抑制して論理を紡いだというより、国民がそうさせてきたというべきでしょう。

私たちは憲法制定という「一点」限りだけではなく、その後、七〇年余りにわたって、憲法に関わってきたのではないでしょうか。「平和国家」とは何を意味するのか、私たちが考えて作り上げてきた諸実践は、さまざまのアクターが織り成してきた一つのプロジェクトであったといえます。それはテキストだけで完結する話ではありませんし、内部に矛盾も抱えているものでした。イメージとして、憲法の前文や九条というテキストを核に、政府解釈や学理解釈、関連諸政策が周りを囲み、さらには平和という価値への国民的コミットメントが全体を支える形で、一つのプロジェクトのように展開されてきたと理解しています（「九条のプロジェクト」）。内閣・内閣法制局、国会、裁判所、法律家共同体、国民といったアクターが動的に作り出してきた、一つのパラダイムです。

九条によって、軍に関する規定を憲法から無くしてしまうというのは、他の国には見られない史上初の試みでした。さらにその下で、自衛隊という実力組織を設けることは、理論的に簡単なことではありません。国内法においても、国際法的な観点からも、完全にすっきりと説明することは困難です。それでも、それを現実に動かすために、解釈や諸政策等が支えて、総体として「生きた九条」を作ってきたからこそ、今なお法的な規範として、「目の上のたんこぶ」として生きているのではないでしょうか。

九条の実践のなかでも、私の理解するところ、武器の輸出、購入、開発をめぐる戦後の政策は、重要な位置を占めています。武器の輸出入や開発について課されてきた制約は、憲法に近いものとして理解されてきたのです。それは、憲法から直接に法的に演繹《えんえき》されるものではなく、国民的なコミットメントが背後にあって、国会論戦等を通じて作り上げられたものであり、「九条のプロジェクト」の重要な側面だったと思います。

憲法九条が何を意味するか、九条が誕生してから七〇年以上をかけて具体化されてきたという側面を強調したいと思います。新九条論でしばしば示される「乖離」は一つの見方に過ぎません。作り上げてきたという見方からすれば、九条は、日本特有の方法とはいえ立憲主義の一つの形だったという理解ができます。

こうした「平和国家」というプロジェクトの全体からみるなら、「乖離」や「欺瞞」は、これまでのありようを否定する理由としては、十分ではありません。

五　どういう国にしたいか

ある意味で新九条論では前提にされている論点こそが、私たちが改めて問うべき問題なのではないでしょうか。新九条論者の多くは、基本的に、今まで培われてきた日本の平和主義を確固たるものにするために、書き込むことを論じているものと理解できます。でも、もしかするとこの点は、もはや自明ではないのかもしれません。

九条のパラダイムを支える中核的な論理たる「軍事の否定」が、二〇一四年以降、相当に深刻なダメージを受けました。中核を囲むさまざまな政策には、二〇一四年以前から変革を被っているものと、二〇一四年以降に新たに底の抜けたものとがありますが、ここ数年、大きく様相が変わってきています。

たとえば、少し前の日本だったら、他国への潜水艦の売り込みや長距離巡航ミサイル導入など、相当に問題視されたはずです。武器に関する問題は、保有する実力の大きさと直結し、他国への外交手段としても強力であり、さらに軍産共同体などを通して、社会構造や政治的意思決定過程に極めて大きな影響を持ちます。武器輸出を成長戦略に位置付け、専守防衛では説明のつかない武器を導入し、他国との武器開発に非常に積極的になっているなど、二〇一四年の閣議決定でタガが外れた今では、ものすごい勢いで軍備拡張の方向に向かっています。

もっとも、国民は積極的に、好戦的に賛成しているという感じではありません。地滑り的な変化が、あまり国民の意識しないところで起こっているのではないでしょうか。自衛隊と米軍との間で進む「統合」や、保有する武器の変化という現実を前に、どういう方向を選ぶかについて考えることが、そもそも問われるべきと考えます。

そういう変化が後戻りできないまでに生じてしまえば、新九条論が書き込もうとしている部分がなくなるということを意味します。新しく憲法を自分たちで作ることにエネルギーを投入している間に、足元が崩れてしまったら元も子もありません。新しい憲法よりも、崩れゆく足元に力を傾注すべきです。

九条について主として問われるべきは、「専守防衛」以上を私たちが欲しているかどうかです。九条の下で、二〇一四年までの政府解釈によってもすでに、自衛のための実力を持つことができ、自国防衛ができたのです。そして自国防衛に必要な装備は備えているはずなのです。

自国防衛のための自衛隊は必要だけれど、一定の歯止めをかける必要があるというところにとどまるならば、新九条は不要であることを強調したいと思います。今の状態をいったん、二〇一四年に戻せばいいのです。もし、そんなことはできない、与党に数の力で負けるから戻すなんて現実的ではないというのであれば、それこそ新九条の発議など、どだい無理な話です。なぜなら、国会の発議には、衆参両院の三分の二以上の多数が必要だからです（憲法九六条）。

六　問題の大きさ

そして、新九条論では九条の改正に絞った議論がされる傾向がありますが、事柄は憲法の構造全体や日米安保条約・日米地位協定の改定に関わる問題であることにも注意が必要です。日本国憲法は、軍隊が存在しないことを前提に、権力を憲法上の機関に配分しているのですから、これを変えるのなら、権限の配分の適正さも再検討しなくてはなりません。

新九条論のように、憲法上、軍事を「無」にした憲法から、何らかの形で書き込んで統制するということは、今は「国務」に包まれている「統帥」を再び可視化することにほかなりません。実力の統制が、明治維新以来の近代国家日本の課題であったことや、かつて「統帥」が「国務」を飲み込んでしまったことに照らすなら、同じ過ちを繰り返さないための仕組みをしっかり導入するという観点は不可欠といえます。それは、国会、内閣、裁判所といった憲法上の機関に配分された権限の見直しを伴います。

さらには、明治憲法に先立つ統帥権の独立が、「軍部」の独走を止めることができなかったという教訓に学ぶなら、国内の政治が十分にコントロールを及ぼすことのできない駐留米軍がわが国に存在し、また自衛隊と米軍との「統合」が進んでいる現実は、新九条論にとって、無視できない事実のはずです。これらの問題に十分見合った議論がなされているでしょうか。

おわりに

もし政治が実力統制への責務を十分に認識し実践するといった前提条件がクリアできる事態になったとしたら、新九条論の論者がいうような、「きちんと憲法に書き込んで権力を抑制できるようにする」ことも、真剣に検討できるようになるでしょう。ただ、それは今の状況においては無理であり、力をかけるべき事項は他にあるというのが、本稿の主張の骨子です。
憲法改正は、白地に理想の国家を描くことではありません。これまで築いてきたものを前に、私たちは現実的に着地点を探るしかない。もし平和主義を維持したいのだったら、今はまだある足元が崩れないよう、地道に取り組んでゆくよりほかないのではないでしょうか。

参考文献

伊勢﨑賢治『新国防論――9条もアメリカも日本を守れない』毎日新聞出版、二〇一五年
今井一『「解釈改憲＝大人の知恵」という欺瞞――九条国民投票で立憲主義をとりもどそう』現代人文社、二〇一五年
大澤真幸編著『憲法9条とわれらが日本――未来世代へ手渡す』筑摩選書、二〇一六年
倉持麟太郎「憲法の包容力よ再び」WEBRONZA、二〇一八年一月一二日

杉田敦「憲法9条の削除・改定は必要か」WEBRONZA、二〇一六年四月二七日

想田和弘「憲法9条の死と再生」「マガジン9」二〇一五年九月一六日

山尾志桜里「立憲的憲法改正のスタートラインとは」WEBRONZA、二〇一七年一二月二六日

「特集 STOP THE WAR! 護憲派による『新九条』論争」季刊「社会運動」二〇一七年一月

Letter to James Madison (Sept. 6, 1789), in Julian P.Boyd ed., *THE PAPERS OF THOMAS JEFFERSON*, vol.15, P.392, Princeton University Press, 1958.

第三章　日本人が向き合うべき戦争と平和のあり方

柳澤協二

はじめに

憲法九条の改正が政治日程に上っています。安倍晋三首相は、大多数の国民が支持している自衛隊に憲法上の根拠がないのはおかしい、として九条一項、二項を残したまま、新たに自衛権を実行する実力組織の存在を位置付ける改正を目指しています。国民の中にも、北朝鮮が核やミサイルを持っているのだから、国を守る力をつけなければならないと考え、また、自衛隊がいるのは現実だから、その程度の改正は仕方がないと受け止める声が少なくありません。

冷戦が終結して三〇年近く経《た》った今日、世界に戦争が絶える気配はありません。日本の周辺では、世界第二位の経済・軍事大国となった中国がアメリカの覇権に挑戦するような自己主張を強め、北朝鮮はアメリカに届く核・ミサイルを持とうとしています。一方、そのアメリカは、世界最強の武力を持ち、時にはその使用を示唆しながらも、こうした流れを止めることができません。流動化する世界の中で、日本人が不安を抱えるのは当然です。

一方、憲法九条は、国家間の対立関係を武力で解決しないという国のあり方を規定しています。この憲法の下で、戦後七〇年間の平和を享受してきました。国の安全という観点で憲法を語るとすれば、「自衛隊を書き込む」という小手先の対応ではなく、「非戦」という国の姿を現代の流動化する国際社会でいかに適応させ、日本を戦争の危機から守り世界平和に貢献していくかが問われなければなりません。

これは、安倍改憲案があってもなくても、考えておかなければならない国家像、それを実現するための国家戦略の問題です。そうした問いかけのない憲法論議は、何が何でも憲法を変えたい改憲派であっても、何が何でも憲法を守りたい護憲派であっても、戦争の大きな犠牲を払って日本人が共有した非戦の国家像への冒瀆《ぼうとく》だと思います。

一　専守防衛を逸脱する安倍政権

武力で国を守ることの危うさ

二〇一八年一月二二日の国会施政方針演説で安倍首相は、「北朝鮮情勢が緊迫する中、自衛隊は初めて米艦艇と航空機の防護の任務に当たりました。（中略）日米同盟は、間違いなく、かつてないほど強固なものとなりました」と述べています。

これは、二〇一五年成立した安保法制に基づき、自衛隊が米国の武器を防護するようになったことを指しています。米軍が襲われる恐れがあるときに自衛隊が武器を使って米軍を守る仕組みです。米軍が襲われるのは、米軍が他国軍隊と対峙《たいじ》して緊迫した状況です。そこで自衛隊が米軍を守るために武器を使用したら、それはまぎれもない戦争の始まりです。

安保法制以前の自衛隊は、米軍の戦闘とは一線を画する行動しかとることができませんでした。そうすることで、アメリカの戦争と一体化しない、アメリカの戦争に巻き込まれないようにしてきたのです。今後は、米軍の武器を守るために自衛隊が率先して戦端を開くことになるわけです。日米が作戦面で一体化するわけですから、「日米同盟は強固」になるかもしれません。問題は、それが日本の安全にとって有益かどうかということです。

同じ演説の中で安倍首相は、イージス・アショアや長距離巡航ミサイル（スタンド・オフ・ミサイル）の導入に触れて、「専守防衛は当然の大前提としながら、従来の延長線上ではなく国民を守るために真に必要な防衛力のあるべき姿を見定めてまいります」と述べています。

長距離巡航ミサイルは、もともと敵の国土にある軍事目標などを、敵の防空兵器が届かない遠方から攻撃するための武器です。日本がこうした武器を持てば、周辺国は、日本が自国を攻撃する能力を持ったと考え、脅威を感じることになります。イージス・アショアは、飛んでくるミサイルを迎撃する防御の武器ですが、相手の反撃を無力化することでこちらの攻撃能力を高め、結果として相手に脅威を与えることになります。

安倍首相が施政方針演説で述べた方針は、自衛隊が米軍と一体化することによって米軍が相手国に与える脅威（それを「抑止力」と呼んでいます）の一部となる、また、自ら敵の国土を攻撃する武器を保有するという意味で、まさに「従来の延長線上ではなく」専守防衛を二重に逸脱するものです。

どういう説明が欠けているか

武器で国を守ろうとすれば、相手よりも強力で、リーチの長い武器を持ち、同盟国と一体化して戦力を合算したほうがいい。相手もより強力な武器を持ち、より攻撃的な作戦を求めるのは当然の帰結です。けれども、「国を守るために真に必要な防衛力」を追求する結果、相手を刺激して安全保障環境を悪化させ、国の財政も苦しくなります。

新兵器で国民の命を守るというのであれば、それでどれだけ攻撃を防げるのか、膨大な財政赤字を抱えた日本でどのくらいその兵器を買えるのか、説明が必要です。それでもミサイルを完全に防げないとすれば、足りない部分をどのように補うのかという課題もあります。

足りないところをアメリカの武力に頼るというのであれば、アメリカがいかなる条件の下で日本防衛のための戦争をするのか。そしてその場合、米軍は日本の基地から発進し、敵はそれに反撃することで日本が戦場となります。日本がどの程度の被害に耐えられるのかも、検証されなければなりません。

改めて考える「専守防衛」という「戦略思想」

しかし、専守防衛とは、そういう思想ではありません。専守防衛には、相手が脅威を感じるような兵器体系や攻撃姿勢をとらないことによって、相手が先制攻撃をしたくなる誘因をなくすという戦略的意味がありました。また、日本にいる米軍は、敵対国に報復する脅威を与える存在です。それを、従来「抑止力」と呼んでいました。その米軍と一体化すれば日本も敵視される。そうならないようにするのも、相手に脅威を与えない専守防衛に通じる考え方です。

「守るだけでは戦争に勝てない」という批判もあります。「戦争に勝つ」とは何かと言えば、「相手の意志を挫《くじ》くこと」であり、そのために「敵戦力の殲滅《せんめつ》」あるいは「敵政府の打倒」が必要になります。けれども、そういう力を持つことが相手に脅威を与え、戦争を引き寄せることになる。多くの戦争は、「やらなければやられる恐怖」で始まるからです。

専守防衛の下では、防衛力を補う手段が必要です。それは、戦争の動機となる対立を政治が解決することにほかなりません。国家間の対立関係を解決するのが政治・外交の役割です。対立を武力で解決しようとすれば戦争になる。それは、政治・外交の役割を放棄することです。

二　北朝鮮のミサイルからいかに守るか？

アメリカの報復という論理の不確かさ

安倍首相は、二〇一七年二月一四日、衆議院予算委員会で、次のような答弁をしています。「北朝鮮のミサイル発射の際、共同で守るのは米国だけだ。撃ち漏らした際に報復するのも米国だけだ。トランプ大統領が必ず報復するとの認識を（北朝鮮に）持ってもらわないと冒険主義に走る危険性が出てくる」

これは、「報復による抑止」、つまり、相手が攻撃すれば耐えがたい損害を与える能力と意志を示すことによって、攻撃を思いとどまらせる考え方です。その本質は、「倍返しの脅し」です。

戦後日本の安全保障政策は、「日米同盟を基調として安全を確保する」というものでした。それは、こうしたアメリカの報復を前提としています。核による報復を期待するのが「核の傘」です。

抑止というのは、「アメリカが報復するはずだ」「相手はそれを恐れて攻撃しないはずだ」という想定の上に成り立つ概念です。しかしそれは、「ミサイルを撃ち漏らしたとき」、すなわち日本に着弾することを前提としています。着弾したら甚大な被害が出るわけですから、その想定がどれほど確かなものかを検証しなければなりません。

北朝鮮は、アメリカの攻撃を抑止するためにアメリカに届く核・ミサイルを開発しています。アメリカが報復を決意するには、自国へのミサイル攻撃を覚悟しなければなりません。そのリスクを冒してもアメリカが報復するかどうかは、そのときの状況次第としか言いようがなく、無条件に確実とは思えません。

そこで、北朝鮮がアメリカに届くＩＣＢＭ（大陸間弾道ミサイル）を完成させる前に武力行使をする選択肢が取りざたされたわけです。しかし、アメリカに届かなくとも韓国や日本には届く。そうすると、アメリカの抑止力を守るために韓国・日本が楯《たて》になる、戦争をさせないはずの抑止力を守るために戦争をするという理解不能の状況が生まれます。

北朝鮮の受け止め方はどうでしょうか。アメリカに報復されても金正恩《キムジョンウン》体制は生き残ると考えるかもしれません。あるいは、本当につぶされてしまうと思えば、先に攻撃しなければならないと考えるかもしれません。北朝鮮が報復を恐れてミサイルを撃たないという想定も、必ず成り立つわけではないのです。

脅威とは何か、どう防ぐか

「北朝鮮の脅威」という言葉が盛んに使われています。軍事的脅威は、「攻撃する能力」と「攻撃する意志」によって構成されています。従来の防衛政策は、意志は変わりやすいので、長年かけて構築された攻撃能力に着目してこれに見合う防衛態勢を考えようとしてきました。今、北朝鮮の攻撃能力は、まさに長年かけてアメリカに届く核ミサイルを持つところまで来ています。脅威の構成要素である「能力」を止めることができなかったのです。

もともと弾道ミサイルを完全に防ぐことは不可能です。敵基地攻撃をするにしても、移動する発射台をすべて探知して破壊することは困難です。つまり、能力に能力で対抗することには限界があります。そこで、アメリカの報復という論理が必要になるのですが、これは、能力というより意志の不確かさゆえに完全ではありません。だから、日米が一体化していると際限なく思い続けなければ不安が消えないことになってしまう。

能力を止められなければどうするかと言えば、もう一つの構成要素である「意志」をなくせないか、と考えてもいいはずです。もちろん、いつ攻撃するかという意志は、計り知れません。しかし、意志を生み出す動機をなくすことはできます。

北朝鮮と日本は、拉致問題をめぐって対立関係にあり、国交もありませんが、戦争しなければならないような固有の対立関係はありません。北朝鮮が核・ミサイルに固執するのは、日本を滅ぼしたり占領したりすることが目的ではなく、アメリカから滅ぼされないための最後の手段と考えているからです。北朝鮮が日本にミサイルを撃つとすれば、その動機は、アメリカ軍の攻撃によって滅ぼされたくないからです。

ゆえに、その動機をいかになくしていくかを考えなければなりません。もちろん、アメリカがやみくもに北朝鮮を滅ぼすわけではなく、北朝鮮が核をもってアメリカに挑戦することで自ら恐怖を招いているのが実態です。したがって、北朝鮮が自ら招いた恐怖を取り除くことは容易なことではありません。しかし動機をなくすこと抜きには、北朝鮮が核を放棄することも、日本がミサイルの恐怖から解放されることもありません。

核を使わない環境をどう作るか

核という能力をなくすためにどうするかと言えば、交渉によって相手が手放すか、応じなければ強制する、すなわち戦争で破壊する。論理的にはこの二つの選択肢しかありません。

では、戦争ができるのでしょうか。戦争には、必要な条件があります。第一に勝つこと。第二に、こちらの損害が許容範囲にとどまること。そして第三に、勝った後に望ましい秩序が作り出される展望があることです。

アメリカは、北朝鮮との戦争に勝つと思います。しかし、「ソウルが火の海になる」「日本の原発にミサイルが飛んでくる」ような被害があるとすれば、許容可能な損害とは言えません。そして、政権を打倒した後に、統治能力を失った北朝鮮をいかに立て直すかという難題が待ち構えています。アメリカは、イラクやアフガニスタンですでに失敗しています。戦争に勝つことより、平和な戦後を作ることのほうがよほど大変なのです。

ゆえに、アメリカが武力を使う選択肢は、合理的判断ではあり得ません。それにもかかわらずアメリカは、軍事圧力をかけ続けています。日本政府も、これを率先して勧めています。しかし、戦争という選択肢に合理性がないときに、武力の脅しは機能しません。

それは、核を持った北朝鮮に対する将来の抑止につながるということかもしれません。核を持たせないための戦争ができなくても、核を使った場合には報復するというメッセージにはなります。しかし、抑止が成立するためには、アメリカも北朝鮮も、同じように考えるという暗黙の合意がなければなりません。攻撃力を持った者同士が、何をすれば戦争になり、何をしなければ戦争にならないという確信が持てない限り、相互に恐怖を抱き、相互に先制攻撃の動機を持つことになります。多くの日本人が感じる戦争の恐怖は、そこに根源があります。

「何をしなければ戦争にならない」という確信を与える「安心供与」なしに抑止の論理は成り立ちません。その相互了解の上に初めて「戦略的安定」が生まれます。巨大な核戦力同士が対峙していた冷戦の時代に、日本人が戦争の恐怖をさほど感じなかったのは、米ソの間に戦略的安定が生まれていたからでした。

北朝鮮の場合、中国、韓国を含めて多くの当事国や利害関係国があります。戦略的安定のためにはこれらの国との合意が必要です。それは、長い道のりかもしれません。しかし、ミサイルが飛んでこない保証がそこにしかないとすれば、日本は、国としてその方向を追求する以外にないはずです。

そうした環境の下で初めて核放棄が実現できるのだと思います。まして、敵基地攻撃能力を誇示し、強固な日米同盟を誇って圧力一辺倒の姿勢をとることで、日本が戦略的安定の阻害要因になってはいけません。

米朝協議の行方

そのように考えれば、核問題の主要な当事者であるアメリカと北朝鮮の対話が避けられません。しかし対話は、受け入れる側にとって外交的な譲歩ですから、いつ、どのような名目で始めるかがわかりませんでした。

平昌《ピョンチャン》五輪の後に、韓国が仲立ちする形で、アメリカに核問題解決に向けた北朝鮮の意向を伝えたのは、絶妙のタイミングであったと思います。大まかに言えば北朝鮮の提案は、自らの体制保証と引き換えに非核化の意志があり、話し合いが進んでいる間は核やミサイルの実験は行わない、ということです。

アメリカは、北朝鮮がアメリカ本土に届くＩＣＢＭを完成させるにはまだ一年ほどの時間が必要だと考えています。この段階で核・ミサイル技術の開発を停止すれば、それは、北朝鮮がアメリカを直接攻撃する意志がないことの証《あかし》となります。それは、アメリカにとっても悪い話ではありません。同時に、圧力外交が行き詰まりを見せている中で、非核化に向けた基本合意ができるのであれば、それは、アメリカにとっても大きな外交的成果となります。北朝鮮にとっても、経済制裁が解除されるメリットは計り知れません。

もちろん、事はそれほど容易ではありません。北朝鮮は、朝鮮半島全域の非核化ということで在韓米軍の撤退を主張するでしょうし、ことによると在日米軍にも条件を付けてくるかもしれません。韓国にとっても日本にとっても、重大な政策変更です。しかも、その条件が満たされるまでは北朝鮮の核はなくなりません。北朝鮮の脅威があるから米軍が必要だと考えている日本は、核放棄を選ぶか在日米軍を選ぶか、選択を迫られます。

日米同盟の実体である在日米軍をなくすような政策変更だけは絶対に許せないというのが、日本政府を含む多くの安全保障関係者の考えでしょう。しかし、アメリカと一体化して軍事圧力をかけていたのは他ならぬ日本政府自身です。安倍首相は、二〇一七年一一月の日米首脳会談の後、「北朝鮮が政策を変えるから話し合いをしてくださいというまで圧力を続ける」と言っていました。今、北朝鮮が「政策を変えてもいい」と言ってきたのですから、こちらが何も答えないわけにはいかないと思います。

アメリカ政府の中にも様々な意見があるようです。しかし、ボールは今やアメリカのコートにあります。何もしないわけにはいきません。「北朝鮮は、いつも我々をだましてきた」という声もありますが、クリントン政権の末期には、北朝鮮が真剣に核放棄と米朝の国交樹立に動いていたとの、元米政府高官の証言もあります。

何より、南北の平和ムードの中で、国際社会が対話を歓迎しています。ここで対話に応じなければ、アメリカは国際社会から孤立します。加えて、仮に対話に失敗すれば、その先に待ち構えているものは従来以上の軍事圧力であり、それは、戦争の瀬戸際を意味することになります。

日本にとっても、他人事《ひとごと》のように圧力一辺倒ではいかなくなります。北朝鮮が核を持ち続けることが許せないのか、それともその核が日本に飛んでくるような危機の発生が許せないのかを、謙虚に考えなければなりません。

米朝首脳会談の意義

本稿の校正中に、六月一二日シンガポールで米朝首脳会談が行われました。トランプ大統領を嫌いな人や、北朝鮮に疑いを持つ人々からは、「中身がない」とか、「北朝鮮に譲歩しすぎ」という批判があります。それは、両首脳の合意の中に、日本やアメリカが求めてきたCVID（完全な、検証可能で、不可逆的な核放棄）の政策が反映されていないことに原因があります。

両首脳の合意は、アメリカが北朝鮮の体制を保証し、北朝鮮が完全な非核化を約束するというだけのものです。そこには具体的な手順はありません。しかし、米朝のトップが敵対関係を解消し、核放棄と体制保証というお互いが最も核心と考える部分で譲歩しあったこと自体に大きな意義があると思います。それは、北朝鮮が核に固執してきた意志を変えるために、制裁と圧力を加えて強制しようとしてきたものの、手詰まりとなっていたわけですから、思い切って利益で誘導する方向に転換するという、交渉術の道理に沿ったものであるからです。

朝鮮戦争の終結に言及したことも大きな意味があります。北朝鮮の核開発の基本的な動機はアメリカから滅ぼされないための抑止力を得ることでした。米朝の敵対は、朝鮮戦争から続いています。朝鮮戦争は停戦していますが、両者はいまだに戦争状態にあるのです。だから核が必要になる。朝鮮戦争の終結は、核を持つ動機をなくすために不可欠の条件です。

もちろん、これからのプロセスには、様々な困難が待ち構えています。どちらが先に何をするのか、どこまでやれば制裁を緩めるのか、何も決まっていません。交渉事は、始めるよりも続けることの方が難しい。実務を担う両国の軍人や外交官は、相互不信で固まっているはずです。しかし、だからこそトップが先にゴールを明確に設定することに意味があります。双方の実務者は、壊す理屈ではなく続ける理屈を考えなければなりません。

今回の合意は、戦争によらない問題解決という選択肢があること、そのほうが戦争の動機をなくす意味でより根本的な解決となり得ることを示しています。そこに、「世界史的な」意味があるのだと思います。トランプ大統領は、核を持った北朝鮮とは交渉し、まだ核を持たないイランには強硬な姿勢を示していますから、多分その意味を理解していないのだと思いますが。

問題は、我々自身が、気に入らない相手に対して力で強制する道を選ぶか、そうではなく、争いのもととなる核心的部分で相互に譲歩することを呼びかける道を選ぶか、ということです。米朝首脳会談に始まるプロセスがどのような結末になるかはわかりませんが、他国の交渉経過に一喜一憂するのではなく、自らのスタンスを考える契機にしたいものです。

三　戦争はなぜ起きるのか、どういう平和を望むのか

戦争と平和の定義

戦争とは、一般的に言えば、国家が相手国に対して自分の意志を武力によって強制する行為です。目的は、意志を強制することですから、相手がどうしても受け入れない場合には、意志の主体である政府を排除することになります。こうした行為は、国際法によって禁止されていますが、例外として自衛権が認められているため、先に攻撃を仕掛ける国も「自衛」を名目として戦争します。

一方、より強い武力を見せて戦争する意志を抑え込むことを抑止と呼んでいます。抑止が戦争を防ぐ効果があるとしても、武力によって現状を変えたいという相手の行為を、より強い武力の示威によって阻止するのですから、「意志の強制」の一種であることに変わりはありません。

こうした国家意志の対立がある限り、戦争の種はなくなりません。対立するから抑止が必要になる。相手も抑止されまいとして力を強め、こちらもより強くならざるを得ません。自分の安全を高めるために力を強めることが相手の力を強め、結果として自分の安全が脅かされることになる。これが、「安全保障のジレンマ」です。

それは、平和なのでしょうか。たしかに戦争が起きていないという意味では平和と言えるかもしれない。しかし、絶えず戦争にそなえなければならない状態は、安心とは言えません。

国家意志の対立がある限り、戦争に備え続け、心配し続けなければいけないことになる。戦争の心配がない状態にするには、国家意志の対立をなくしていかなければなりません。そうすれば戦争の心配がなくなる。そういう安心の状態こそ、平和と呼ぶにふさわしいのではないでしょうか。

日本の軍事的選択肢を拡大した安保法制について、「戦争法」と呼ぶ人も「平和安全法制」と呼ぶ人もいますが、戦争の力で戦争をさせないという、同じコインの裏表を見ているのだと思います。大切なことは、戦争の心配があるから武力を持つか、戦争の心配がない状態を目指すか、どちらの平和を目標とするのか、という選択だと思います。

国家はなぜ戦争するのか

もちろん、違う国同士、いつも意見が同じであるはずはありません。問題は、相互に妥協して解決できないような対立がどこから生じるかということです。

古代ギリシャのトゥキュディデスという人は、アテナイとスパルタがギリシャの覇権を争ったペロポネソス戦争の歴史を書き残しました。その中で、戦争の要因となるのは、富と名誉と恐怖であるという考え方を示しています。これは、今日でも戦争を考える基本的視点として通用します。

富と名誉と恐怖が戦争の要因であるとすれば、アメリカのトランプ大統領が掲げるアメリカ第一主義は、「富をアメリカに取り戻し、アメリカを再び偉大にする」というものですし、気に入らない相手には、武力行使の選択肢を見せつける。これは、富と名誉を独り占めし他国に恐怖を与える発想です。これで、世界が平和になることはあり得ないと思います。

戦争の引き金は恐怖と誤算

昔は、領土を広げれば富も増え、富を増やせば兵力を増やせました。そうして得た力は、王権や宗教上の権威と結びついて名誉の証となる。そういう時代がありました。産業化が進み国民の自覚が高まった近代では、国民を組織し動員することが他国との競争上有利です。国民を動員するための価値観が重要な要素となったために、国家としての名誉が喧伝《けんでん》されます。

今日、富をめぐる露骨な戦争は影を潜めています。経済のグローバル化が進み、戦争による破壊や経済活動の妨害が自国に与える影響を無視できなくなったからです。また、一定のルールの下で紛争を解決する制度が確立されています。一部の地域では、油田や鉱山の争奪戦も行われていますが、宗派や部族間の戦争のための資源を得ようとする戦闘であって、資源獲得自体が戦争の目的ではありません。

対立する国家は、互いに相手より強くなろうとします。相手より強ければ攻められることはないと考えるからです。そこに、軍事バランスや抑止力を重視する思想の根源があります。しかし、相手の意図を読み間違え、現実の戦争準備をしていると思えば、戦争の誘因となります。多くの戦争は敵への恐怖と誤算を引き金として起こります。

だから、経済的依存関係があれば戦争が起きないとは言えません。一方、経済への影響は現実ですから、どこかで戦争を止めなければ失うものも大きい。まして核の撃ち合いまで拡大することは自分にとっても恐怖です。

今日の戦争要因

冷戦期には、核の応酬によってお互いが滅んでしまう「相互確証破壊」の認識が大国間の戦争を防いでいました。今日では、どこで戦争が止まるかわからない、止まらなければ核の撃ち合いになりかねず、そこまで行かなくとも世界経済が確実に破壊される「経済的相互確証破壊」の認識が大国間の戦争を防ぐ要因ではないかとも言われています。

富の視点からみれば戦争は目的を達成するどころか、相手もこちらも富を失ってしまう。恐怖の視点からみれば、相手を邪悪と見るから恐怖が生まれるので、お互い様なところがある。世界が情報を共有する今日、相手のことがわかるから、そういう存在を許せないという感情が生まれる。あるいは、世界のことがわかるから、自分が不当な扱いを受けているという不満が生まれる。つまり今日の戦争要因で最大のものは、自己承認という名誉の対立ということになります。ＩＴ技術で世界のことはわかっても、自分のことは見えないのです。

孫子の有名な言葉に、「彼を知り己を知れば百戦して危うからず」があります。敵に関する情報が山ほどあっても、認識のバイアスをなくすことはできません。まして、人も国家も「己を知る」ことが一番難しい。だから戦争は、成功を約束されないのです。

名誉は、様々な形をとって表現されます。典型的にはナショナリズムです。国を愛することは当然ですが、自分の国のどこがいいのかわからないとき、あるいは、集団的危機意識にかられたとき、自己愛は、他者の否定として表されます。「自分の国はこんなにいい国だ」ということを世界に説明するより、「あいつはこんなに悪い奴《やつ》だ」というほうがたやすいからです。

他者を否定するナショナリズムや、非国家主体による自己承認欲求が世界を覆うことになれば、領土争いや覇権をめぐる対立、テロなどが蔓延《まんえん》していきます。今日の世界は、そういう物騒な世界だと思います。だから、他者を否定する感情をコントロールできなければ、自ら暴力の連鎖に巻き込まれていくことになる。戦争そのものが自己目的化していくことになりかねません。

戦争をだれが止めるか

「戦争論」（一八三二年）で有名なクラウゼヴィッツの言葉に、「戦争の三位一体」というのがあります。戦争を構成する要素として、本能的敵意に近い国民の感情、不確実性が高い種々の戦闘をのりきる軍（将帥）の技量、戦争目的を合理的に判断する政府の理性があるということです。なかでも彼が重要だと考えるのは国民です。国民が乗り気でなければ戦争はできないし、国民があまりに熱狂すれば戦争をほどほどで終わらせられないからです。

彼の時代は、国民動員の戦争の時代でした。今日、戦争はほとんど職業軍人とネットワーク化された兵器で戦われますが、それでも、兵士の命や民間人の犠牲に対する世論の批判を無視できません。世論の支持がなければ、政府が戦争を継続することはできません。

通常は、誰も戦争したいとは思いません。だからといって、民主主義の国では戦争が起こりにくいわけではありません。民主主義国では選挙で政治を選択しますが、情報化された社会では、選挙が人気投票のようになっています。人気投票であれば、国の危機を訴え、わかりやすい敵を示して戦う姿勢をとるほうが有利になります。特に戦争の危機感は、政府の正当性を高める効果があります。イラクに攻め込んだブッシュ大統領も、クリミアを分捕ったプーチン大統領も、それぞれ七割、八割を超える世論が支持しています。

戦争を避けたければ国民感情を鎮静化しなければならないのですが、そんなことを選挙で主張すれば、勝つことは難しい。そこに、平和と民主主義のパラドクスがあります。格差が拡大し、国民が将来に信頼を持てない社会で政治の正当性を維持するためには、危機を訴えるのが一番手っ取り早いのです。

だから、カギはやはり国民の選択です。政府やマスコミが流す危機感に煽《あお》られる大衆となるのか、自分で疑問を持つことができる一人の主権者となるのか。それが、まわりまわって戦争か平和かの選択につながっていくのだと思います。

いわゆる「中国脅威論」について

戦争がなぜ起きるかを見てきたところで、「中国の脅威」といわれる問題について考えてみましょう。

二〇一八年は、日中平和友好条約締結から四〇年に当たります。当時、中国はまだ貧しい遅れた国で、核は保有していましたが、日本人が脅威を感じるような相手ではありませんでした。

しかしその後中国は、毎年高い経済成長を続け、国防費も高い伸びを続けています。今や経済規模でも国防費の面でも、日本をはるかに凌《しの》ぐ大国となっています。

その国力を背景に、中国は、南シナ海で一方的に岩礁を埋め立てるなど、自己主張を強めています。その中国が、日本の南西諸島周辺で海・空軍の行動を活発化させ、尖閣《せんかく》諸島周辺に公船を派遣している状況を見れば、日本人が不安や不快感を抱くことは当然です。

一方、中国の側から見れば、南シナ海はもともと中国の支配下にあったのだから、国力をつけた今日、権利を実現するのは当然だ、尖閣についても、日本が国有化したことに対して一方的な支配を認めない意思表示にすぎない、ということになります。日本周辺での軍事行動についても、中国本土を防衛するため西太平洋での米海軍の一方的な優位を牽制《けんせい》する目的であって、侵略的な行為ではない、ということでしょう。

こうした中国の自己主張は、傍《はた》から見れば自分勝手な言い分です。しかし近代史の中で中国が、日本を含む西欧列強から搾取されてきたことも事実です。こうした歴史的背景があるだけに、中国が自己主張を止めることは考えられません。一方、日本から見れば、国交回復以来、貧しく遅れた国として援助してきた相手が今や自分よりはるかに大きな存在となったことへの複雑な思いがぬぐえません。

こうしたお互いの認識の違いをどう管理していくか、今後の日中関係のカギはそこにあります。中国にとっては、自分の主張に普遍性があり、周辺国の利益を害さないものでなければ大国としての尊敬を受けることはできません。日本は、中国と肩を並べる大国ではなく、中級国として質で競争することを考えなければ、やがて国力の破綻を招くことになります。

今のところ日本は、アメリカの後ろ盾を頼りに、中国と対等に渡り合うことを期待しているように見えます。しかし、アメリカを頼りにしているだけでいいのでしょうか。現在のところ、アメリカの軍事的優位は揺らいでいません。しかし、トランプ政権の登場とともに、アメリカの道義的優位は揺らいでいます。また、中国が経済成長と軍拡を続けていけば、やがて軍事的にもアメリカと肩を並べることは間違いありません。そのときアジアはどうなっているのか、誰にも予測できません。

脅威は能力と意志の掛け算です。止《とど》まるところを知らない中国の経済成長を見れば、能力に限界はないように見えます。中国の自己主張を聞けば、その意志の根源にある欲望にも限界はないように見えます。中国への脅威感も止まるところなく広がっていきます。

時間がたつほど強くなる相手を止めるために戦争するとしたら、早いほうがいい。しかし今日では、戦争によって失うものはあまりにも大きい。だから、戦争という選択肢はありません。戦争ができないのであれば、妥協して、相互の言い分を調和させるほかありません。

必要なことは、相互の認識の食い違いから生じる敵意のレベルを下げることです。経済的には協調が必要なもの同士が争うのは、感情の対立があるからです。その対立をやわらげるのは政治の役割であり、まさに百年の計をもって感情的に正常な関係を作らなければなりません。脅威論と抑止政策だけで戦争の恐怖から解放されることはあり得ないのです。国民に問われているのは、そういう政治の選択だと思います。

四　憲法と安全保障

九条改憲をめぐる真の論点

安倍首相は、三月の自民党大会で九条一、二項を維持しながら別に自衛隊の存在の根拠となる条文を追加する、いわゆる安倍改憲案を軸に党としての意見集約を行い、秋の総裁選挙を経て臨時国会での議論の本格化を目指しています。

自衛隊が大多数の国民から支持されて、災害派遣やミサイル警戒などで頑張っているのに憲法上の根拠がないのはおかしい、という理由で説明されています。同時に、武力行使の放棄、戦力の不保持、交戦権の否認を残すので、自衛隊がやることは何も変わらない、と説明されています。

しかし、先に述べたように、安保法制によって自衛隊はすでに変わっているうえ、専守防衛を逸脱する政策が進められています。安倍改憲案が、そういう「変わりつつある」自衛隊を追認する政治的意味を持つのは当然です。だから、真の論点は、自衛隊を書くかどうかではなく、自衛隊が何をするかということです。

自衛隊は、反戦意識が根強い戦後日本社会の中で、「税金泥棒」という罵声を浴びせられることもありました。その「逆境」があったからこそ自衛隊は、民主主義的統制を尊重し、災害救助を通じて国民に貢献することを何より大切にしてきました。そして今日では、世論調査などで九〇%を超える国民の支持を受けるようになりました。

一九九〇年代からの海外派遣でも、「戦争に行くのではないか」という反対の声がありましたが、今では海外で人助けをすることへの理解も進んでいます。何故《なぜ》かと言えば、自衛隊は一発の弾も撃たず、一人の戦死者も出していない。その実態が「戦争」ではないことが、理屈ではなく感覚として理解されたからだと思います。

安倍改憲で「かわいそう」なのは自衛隊

安倍首相は、「自衛隊を違憲という憲法学者もいるから今のままでは自衛隊がかわいそう」という説明もしています。本当にそうでしょうか。

自衛隊は、すでに何度も海外の治安の悪いところに派遣されています。その際、やむを得ず自分の身を守るために武器を使う権限を与えられてきました。しかし自衛隊は、これまで一発の弾も撃っていません。なぜそれが大切かと言えば、こちらが武器を使えば相手も武器を使ってくる、それが戦場の現実だからです。そういう状況を避け、現地の人々と敵対せず、結果として一人の犠牲者も出さずに今日までやってくることができたのです。

安保法制では、現地の住民や外国軍を守るための任務が付与されています。これは、相手が武装している以上、武器を使わなければできない任務です。一発の弾も撃たない自衛隊は、法律の上ではすでに過去のものとなっています。

ところが自衛隊は、部隊として交戦するのではなく、個人として武器を使うことしかできません。安保法制の条文上も、「自衛隊は」ではなく「自衛官は」合理的に必要な範囲で武器を使うことができるが、正当防衛・緊急避難（刑法三六・三七条）に該当する場合でなければ相手を傷つけてはいけないことになっています。これは、警察官が国内で犯罪の防止や犯人逮捕のために武器を使う条件と同じです。

その結果、政府軍や武装勢力という実質的な軍隊である相手に対して、警察官として武器を使うことになる。軍隊の仕事は相手を殺傷することですが、警察官の仕事は相手を制止したり捕まえたりすることで、殺すことではありません。どんな武器を持っているかではなく、どのように使うかという点で、警察は軍隊に勝てないのです。自衛隊は、極めて危険な状態に追い込まれざるを得ません。

隊員が相手に捕まった場合にも、自衛隊は交戦当事者ではないから「捕虜として保護される資格がない」ということを外務大臣が答弁しています。国際法上、軍隊は自分の意志で殺人をするのではないので、敵の兵士を犯罪者として処罰してはいけない。兵士も、民間人を殺したり文化財を破壊してはいけないという決まりがあります。これは、戦時国際法あるいは国際人道法といわれる規定です。これらの法規が、「交戦当事者ではない」自衛隊には適用されない、という論理です。

安保法制は、自衛官個人の行為としてだけ、武器使用（実質的な戦闘行為）を認めている。

そこで、個人の意志で武器を使う、その結果相手が死ねば、殺人という犯罪の容疑者になってしまいます。なぜそうなるのか。憲法九条が、軍隊の存在と国の交戦権を認めていないからです。

それゆえ、自衛隊に海外で武器を使う任務を与えるのであれば、憲法九条の一項、二項を変えなければならないはずです。それを変えないのであれば、海外に派遣してはいけないのです。その大きな矛盾と向き合うことなく、「自衛隊がかわいそうだから憲法に書いてやる」という姿勢では、かえって自衛隊がかわいそうです。

憲法は国の姿

「憲法を守って国が滅んでもいいのか」という言い方があります。国を守るとは、主権と独立を守ることです。国が自分で自分の生き方を決めること、それが主権であり、外国の干渉から主権を守ることを独立と言います。もちろん、国民の命や財産を守ることは大切ですが、それは主権を持った政府があって初めてできることです。

その守るべき国の姿を示すものが憲法です。国民主権、基本的人権の尊重、平和主義がそれです。国を守るために政府が独裁的になったり、国民の権利を無視したりすれば、何のために国を守るのかということになります。秘密保護法や憲法に緊急事態条項を導入しようとする動きを心配するのもそのためです。

外国が日本に言うことを聞かせようとして武力を使うのが戦争ですから、国を守るということは、外国の支配を受けないようにすることです。そのためには必要なら戦わなければなりません。独立のためには平和を一時あきらめなければならないということです。しかし、外国を敵視して武力を誇示するようなことはしない、外国に武力で言うことを聞かせようとしないのが、憲法に示された日本の国の姿です。「防衛のために敵を攻撃する能力を持つ」という専守防衛を超える政策は、自ら国の姿を破壊するものにほかなりません。

おわりに

私が防衛庁広報課長だったとき、部下の三等陸佐が言った言葉を忘れられません。

「俺たちが毎日泥まみれで訓練していることが役に立つときは、国民が不幸なときだ。だから、俺たちは訓練が役に立つ日が来ないように祈りながら訓練している」

それは、当時世間から特別視されていた自衛隊の中で生きる男のプライドであり、私もそれを何よりも大切にしたいと考えてきました。

そこには、戦後日本の平和主義と、国を守る強い意志との調和があります。だから私は、防衛官僚として、理屈ばかりの自衛隊批判に使命感を持って対抗しましたし、憲法九条の下での自衛隊の存在を、本気で追求しようとしていました。

自衛隊員の服務の宣誓というのがあります。そこには、「私は、我が国の平和と独立を守る自衛隊の使命を自覚し（中略）事に臨んでは危険を顧みず、身をもつて責務の完遂に務め、もつて国民の負託にこたえることを誓います」と書かれています。

自衛隊が、時に命がけの危険と向き合うのは、国民が自分たちにそれを期待して任せてくれているからだ、ということです。その思いが国民と共有されたとき、自衛隊は強い自衛隊になります。そうでなければ、自衛隊は命がけの仕事はできず、まして、いざというときに国を守ることもできません。ゆえに、主権者である国民の側には、自衛隊に対して、「何を」危険を覚悟でやってくれと言うのかが問われています。

そんなことは政府と自衛隊が勝手にやることだと言って自分で考えないならば、主権者とは言えません。日本の国の姿は、一人の国民として自分の人生を全うするための土台です。他人事ではなく、自分の問題として考えなければならない。それが、憲法に言う「国民主権」を実行することだと思うからです。

第四章　「改憲派」はどういう人々か

中野晃一

「改憲派」という呼称から想起されるイメージはいったいどのようなものでしょうか。

ひとつには、ここのところ広く知られるようになった日本会議のような復古主義的な団体やそれに連なる政治家でしょうか。「自主憲法制定」という古色蒼然《こしょくそうぜん》としたスローガンが思い浮かぶかもしれません。「戦後レジームからの脱却」や「日本を、取り戻す。」をキャッチフレーズとして用いてきた安倍晋三首相などが「復古」志向の強い改憲派の代表格と言えるでしょう。このグループを「復古保守」と呼ぶことにします。その源流はむろん、安倍の祖父、岸信介らにさかのぼることができます。岸ら戦前世代以来、復古保守勢力にとって九条改憲が最重要課題であることは言うまでもありません。

もうひとつには、むしろ時代に合わせて憲法を刷新すべきと主張する人たちのイメージもわくかもしれません。実際、復古保守と連携しつつも、戦前回帰的な動きと同一視されることを嫌い、むしろ新しい時代に対応するために「憲法改革」を唱えるというようなスタンスで、統治制度改革（政治改革や行政改革など）の延長線上でさまざまな改憲案を提起する政治勢力があります。

橋下徹《はしもと》が立ち上げた維新の会の党名といいスタンスといい、復古保守と手を結びつつ「改革」的な改憲案を提示してくるのが、まさにこの一例と言えるでしょうし、より最近では「日本をリセットする」と二〇一七年一〇月の衆議院選挙に向けて希望の党を結党した小池百合子東京都知事らもまたその典型と言えるでしょう。小池は自らを「改革保守」と名乗り、希望の党の憲法調査会長となった細野豪志などは地方自治や一院制など国会のあり方についての「改革」志向の改憲案を優先させていくと発言しています。

本章では、改憲派とはどのような人々なのかを探りますが、そうするために、志向されてきた改憲の意味や中身の変遷に注目します。大づかみな流れとしては、冷戦が終わりを迎えた新自由主義的改革の時代に、改革保守が改憲派のなかの主流となりました。しかしやがて岸の退陣後勢いを失っていた復古保守が台頭しはじめ、今日の全盛を迎えるようになります。こうした改憲派の変容は、冷戦期における「利益の政治」(interest politics)が新自由主義転換を経て「アイデンティティの政治」(identity politics)の隆盛へと繫《つな》がっていったグローバルな規模での政治変化の、日本における表出事例として理解することができると考えます。

一 「護憲」と「改憲」の意味

日本国憲法は占領統治期の一九四六年一一月三日に公布され、翌一九四七年五月三日に施行されました。このころ、岸信介や鳩山一郎ら戦前派の官僚や政治家たちの多くが公職追放されており、彼らは公職追放解除や占領統治の終了を経て政界復帰を果たすと、自分たちのいわば留守中に制定された日本国憲法を「押しつけ憲法」と批判し、復古的な憲法改正を唱えはじめました。「逆コース」とも呼ばれるこうした反動的な揺り戻しに対して、「護憲」の立場が最大野党の日本社会党を中心とした革新勢力によって形成されていくことになりますが、実は、今日も使われる「護憲」「改憲」という区分けは日本近代史のなかで興味深い変容を遂げてきています。

戦前の明治憲法体制下では、「憲法改正」「改憲」という言葉はほとんど使われていませんでした。その理由は、明治天皇が自ら発布した欽定憲法が「不磨の大典」と位置づけられ、改憲論議そのものがタブー視されていたからでした。多少なりとも改憲が議論されたのは、一九二〇年代後半に貴族院改革との関連で美濃部達吉などによって提唱された例に留《とど》まりました。

他方「護憲」という言葉は、戦前から度々使われていました。大正デモクラシーのさなかに起きた二次にわたる護憲運動すなわち憲政擁護運動です。ただし、ここで用いられた「護憲」の意味は、明治憲法を守れ、というよりも、憲政すなわち立憲政治を守れ、ということであり、第一次護憲運動は「閥族打破」「憲政擁護」のスローガンに見られるように、藩閥政治に対する反対として成立し、また第二次護憲運動は男子普通選挙の実現を求める声を背景に、清浦奎吾《けいご》の超然内閣のあり方に異議を唱えたものでした。

一九一六年に任命された寺内正毅《まさたけ》首班率いる超然内閣が「非立憲」と批判を集めたように、戦前の「護憲」概念の反対は「改憲」ではなく、むしろ「非立憲」だったとも言えるでしょう。

戦後、日本国憲法体制下では「改憲」と「護憲」が正面から衝突する構図がつくられましたが、このとき「憲」が意味したものは立憲政治ではなく憲法そのものであり、実際に

「憲法擁護」（憲政擁護ではなく）を掲げる野党や革新系団体の連合体も結成されました。注目すべきは、「改憲」「護憲」の最大の焦点となったのが再軍備の是非であり、憲法擁護とは平和憲法擁護、つまり憲法九条をめぐるせめぎ合いだったということです。

このように日本国憲法の誕生とともに「護憲」の意味するところが変化したとはいえ、戦前と戦後の「護憲」概念に連続性がなかったわけではありません。戦前、立憲主義にのっとった民主政治を求める護憲派の願いを最終的に打ち砕いたのは軍国主義であり、それがゆえに憲法九条を柱とした「平和憲法」の擁護が戦後の護憲派にとっての中心課題となった側面もあったと思われます。

二　「利益の政治」と復古保守の低迷

しかし、冷戦構図のなかで「憲法九条の制約の下での自衛隊と日米安保条約」というセットからなる新たな安全保障体制が定着しはじめると、「護憲」対「改憲」の対立軸は次第に背景に退いていきます。それは端的に言えば、復古保守勢力の主張した「改憲」が支持を失い、憲法九条の厳しい制約を受けた自衛隊の存在を現実として受け止めたうえでの「護憲」論が広まっていったからと言えるでしょう。

「朝日新聞」の世論調査によると、一九五二年では憲法九条改正について賛成が三一％で反対が三二％と拮抗《きっこう》していたものが、一九五七年では賛成三二％、反対五二％というように「その他」や無回答が大きく減るなかで九条改憲反対がふくらみ、一九六二年は賛成二六％、反対六一％、一九七八年には賛成一五％、反対七一％と圧倒的な差がつくようになりました。

しばしば「憲法改正は自民党の党是」という言い方を耳にしますが、そもそも一九五五年の結党時でさえ綱領そのものに改憲への言及は存在せず、一段格の低い政綱（政策綱領）の最終項目で「独立体制の整備」として「平和主義、民主主義及び基本的人権尊重の原則を堅持しつつ、現行憲法の自主的改正をはかり、また占領諸法制を再検討し、国情に即してこれが改廃を行う。世界の平和と国家の独立及び国民の自由を保護するため、集団安全保障体制の下、国力と国情に相応した自衛軍備を整え、駐留外国軍隊の撤退に備える」と訴えるのが復古保守の精一杯のところでした。

結党二〇年の一九七五年にこの政綱が見直された際には、事実上護憲の立場を取る穏健保守の若手の旗手であった河野洋平が改憲に関する表現を「社会の複雑化と国民意識の多様化に伴い、常に国民の合意を求めつつ、憲法を含め、選挙制度、行財政など諸制度を見直し、改革に努力する」と改めようと試み、それに対して同じく若手の復古保守グループ青嵐会《せいらんかい》などが猛反発、政綱改正そのものが見送られました。

穏健保守が政権与党の主導権を握り、復古保守が守勢に立たされつづけるなか、大平正芳内閣（一九七八～八〇年）では、「政府は憲法を守る立場にある」という理由で、閣僚が憲法記念日に開催される改憲派集会に出席することがないよう伊東正義内閣官房長官が閣議で指示を出すようにまでなっていました。首相自らが改憲の旗振りをする現在とは隔世の感が否めないほどまでに、冷戦期には復古保守の影響力が後退していたことを示すエピソードと言えるでしょう。

冷戦と言えば、アメリカの率いる資本主義陣営とソ連を盟主とする共産主義陣営がにらみ合った激烈なイデオロギー対立が思い返され、また国内においても、保守（自民党）と革新（社会党）の二極対立で記憶されています。しかし現実には、岸が逆コースをひた走った挙句、日米安保条約改定後に退陣させられたことを受けて、一九六〇～七〇年代と時を経ていくなかで、自民党は政権に留まりその「うまみ」を享受することを優先させる方向へと大きく舵《かじ》を切っていました。

これがいわゆる吉田ドクトリンと呼ばれる指針で、吉田茂の門下生であった池田勇人《はやと》や佐藤栄作が岸の退陣後、国内世論を二分し革新勢力の結集をもたらしかねない憲法や安保の争点を棚上げし、代わりに経済再建と成長に力を注ぎ、民心の安定を図り保守一党支配の基盤を築くという基本路線を打ち建てたわけです。岸から福田赳夫《たけお》、そして今日では森喜朗、小泉純一郎、安倍晋三らへとつづく派閥（清和会）などに復古保守はむろん存在しつづけましたが、保守本流と呼ばれた池田からの流れ（宏池会《こうちかい》）や佐藤から田中角栄、竹下登（木曜クラブ・経世会）の流れに広がった穏健保守勢力に対して、保守傍流という位置づけに甘んじるほかありませんでした。

“Who gets what”（誰が何を得るのか）という表現がありますが、これは日本を含めた先進国の冷戦期の政治における中心的な争点で、要は「利益の政治」がもっとも大きなウェイトを占めるようになった現実を表しています。端的に言えば、経済や雇用、暮らしにかかわる争点をめぐって、使用者側（企業）と労働者側、あるいは中央と地方などの異なるアクター間の利益（突き詰めれば「カネ」）の配分が政治の中核をなしたということです。具体的には、税負担、公共支出、補助金、賃金、福祉予算などが政治の主要な関心事であったわけです。

「利益の政治」にもむろん、使用者寄りなのか労働者寄りなのか、市場原理を優先させるのか国家介入を行うのかなど、政党によって異なるイデオロギーが入りこみ、その意味では、保守と革新の立ち位置の差が対立軸を形成していたことは間違いありません。しかし、万年与党となった自民党が、ともかく政権維持を最優先させ、そのためには階級間対立の激化を避け、地方と中央などの格差があまり広がりすぎないよう、国民統合を図る目的で、いわば「真ん中」に寄って統治することを選ぶようになった結果、そうした違いが見えにくくなっていたのです。

政治の争点は、valence issue（合意争点、もしくは価値争点）と position issue（対立争点、もしくは位置争点）に大別することができます。「利益の政治」にかかわる争点は、前者の合意争点にあたります。利益（功利）が望ましいものであるということについては幅広い合意があり、問題は「誰が何をどれだけ得るのか」という「程度」の差ということになるわけです。例えば、保守も革新も景気回復が重要であるということには合意していて、どの程度の財政出動をするのか、そしてどこにどれだけ予算を充てがうかについてもめるわけですが、最終的には妥協や折衷案を見いだすことが可能であるという特徴があります（これに対して、対立争点では何が望ましいかについての合意が存在せず、賛成か反対かという二項対立を招きます）。

こうした階級間妥協と主要政党の「包括政党」（catch-all party）化は、戦後、世界中の先進諸国で見られた傾向で、例えばイギリスにおいても中道右派の保守党と中道左派の労働党で政権交代を重ね、そのつど主要企業の民営化と国有化、減税と増税など政策転換を繰り返しつつも、全体としてはケインズ主義と福祉国家を基調とした「コンセンサス政治」と呼ばれる「利益の政治」が展開されていました。

三　新自由主義転換と改革保守の隆盛

こうした「利益の政治」が大きく揺らぎはじめるのが、冷戦終盤期にあたる一九八〇年代です。一九七九年にイギリスでサッチャー首相が誕生し「コンセンサス政治」に終止符を打ったのにつづき、一九八一年にアメリカでレーガン大統領が就任、「保守革命」とも呼ばれる新自由主義転換がはじまります。

一九七〇年代の二次にわたる石油危機、戦後高度経済成長の終焉《しゅうえん》、財政赤字などを背景に、階級間妥協路線から「小さな政府」路線（公共支出の削減、民営化、規制緩和など）への保守政治の転換です。こうした「改革保守」の政治は、しかし同時に改革断行の名の下に権威主義的な「強い国家」路線への転換も意味していました。首相官邸や大統領府へ権力を集中させ、労働組合など利益の分配・再分配を求める中間団体を「既得権益」や「抵抗勢力」と批判し、正面突破によって保守のヘゲモニーを回復させようとする政治運動でもあると言えます。

日本では、国鉄民営化などのいわゆる臨調改革（第二次臨時行政調査会）で知られる中曽根康弘政権期（一九八二〜八七年）に新自由主義転換が本格化しました。もともと復古保守の中曽根が改革保守の装いを身にまとい保守政党・自民党のなかでの主導権の奪取とその再生を図ったわけですが、一九八五年の結党三〇年に際して再度、新政綱制定への取り組みがなされました。

このとき、田中秀征《しゅうせい》ら若手議員が「絶えず厳しく憲法を見直す努力を続ける」と表現を大幅にトーンダウンさせようとしたのに対して、最終的には復古保守が巻き返しを果たし「わが党は、自主憲法の制定即《すなわ》ち憲法の自主的改正を、立党以来の党是としている。今後とも平和主義、民主主義、基本的人権尊重の原則を堅持しつつ、時代の変遷に即して現行憲法の改正につき検討を進める」という極めて復古調の強い文言で強引に決着するということがありました。

しかし、実際には改憲の現実味が皆無であった時代状況に加え、河野ら穏健保守勢力の一部が新自由クラブで党外に去っていたこともあり党内論議はまったく盛り上がらず、単に旧世代の復古保守の危機感が突出した側面がありました。一敗地に塗《まみ》れたかっこうとなった田中は「あと五年、一〇年たって私たちが力をつければ、自民党は様変わりしますよ」（一九八五年一一月一四日、「朝日新聞」朝刊）と述べていました。

その後、一九八九年にリクルート事件などのあおりを受けて参議院選挙で自民党が惨敗し「ねじれ国会」となり、同年ベルリンの壁が崩壊、一九九〇年湾岸危機発生、一九九一年湾岸戦争勃発、一九九二年に国連平和維持活動（ＰＫＯ）法成立、一九九三年に政界再編、細川護熙《もりひろ》非自民連立内閣誕生と、目まぐるしく政治が急展開しましたが、一九九〇年代は一転して自民党を離党した改革保守勢力が新たに行政改革や政治改革、規制改革などの延長で改憲論議をリードするところとなりました。

例えば、小沢一郎が著書『日本改造計画』（一九九三年）で自衛隊や国連待機軍の保有を認める九条改憲の検討を主張したことがよく知られています。ほかにも細川が一九九二年に立ち上げた日本新党が、その政策大綱にて「憲法論争をタブーにしたままでは、国民が求める新しい国家理念を樹立することは不可能」と断じた一方で、「我々の改憲論は、（中略）戦前の日本に回帰することを目指すかのように受け止められている従来の改憲論とは全く異なる」と論じ、冷戦期の保革対立構図の基調にあった「護憲」と復古保守の「改憲」の立場をともに退ける「新しい改憲論」を提唱し、国連指揮下のＰＫＯで治安維持活動への自衛隊の参加を是認する条項のほか、「立法府の主体性確立と内閣のリーダーシップ強化」「衆参両院の役割分担の明確化」「国民投票の対象拡大」など統治制度改革のための憲法改正という改革保守の論陣を張りました。

これに対して、政権から転落した自民党では先に触れた田中秀征の「予言」が実現したかのような変化が見られました（田中本人は離党し新党さきがけ所属）。まず政務調査会に設けられた二十一世紀委員会で、石原慎太郎が一九九四年五月に執筆した政策大綱案には「九条はここ当分、例えば五年間なり一〇年間棚上げし、まず、時代の推移の中で無意味不能となっている部分、欠損している部分を回収補填する」とあります。復古保守的な改憲論を代表的な復古保守自らが封印し、社会党の村山富市を首班に政権復帰する前提条件を整えたのです。

ついで自衛隊合憲論に転じた社会党に呼応するかたちで、自民党は結党四〇年を迎える一九九五年に「すでに定着している平和主義や基本的人権の尊重などの諸原則を踏まえて、二一世紀に向けた新しい時代にふさわしい憲法のあり方について、国民と共に論議を進めていく」と、事実上「自主憲法の制定」を棚上げする内容の新宣言を採択しました。

この新宣言は、総裁となっていた河野洋平が後藤田正晴らの支えを得て決定にこぎつけたものでしたが、大幅な後退を迫られた復古保守勢力のなかには、まずは九条以外の改憲論議を積み重ねてから、いずれ九条改憲にこぎつけようという考えもありました。

四　革新護憲勢力の退潮と改憲の合意争点化傾向

他方、冷戦の終焉、そして湾岸危機からＰＫＯ法制定へと向かう国際環境の変化と「国際貢献」論の高まりのなか、「一国平和主義」あるいは「消極的平和主義」などの批判を改革保守から浴びせられるようになった革新陣営の護憲派の一部からも、消極的な護憲論だけでは太刀打ちできないとして、山口二郎や岩波書店「世界」の知識人グループが「革新側からの改憲」「平和基本法をつくろう」というような問題提起を行い、また社会党も、護憲を発展させ憲法の創造的展開を図る「創憲」論という新たな打ち出し方を模索しました。

こうして、復古保守の改憲に革新が護憲の立場で対峙《たいじ》するというかつての構図はほぼ崩れ去り、代わりに改革保守が牽引《けんいん》する「憲法改革」的な改憲論議が花盛りとなりました。一九九〇年代に入り「読売新聞」が改憲推進へと大きく舵を切り、一九九一年には初めて自らの憲法改正試案を発表しました。それまで「産経新聞」に限られていた改憲推進の社論へと「読売」が転じたことの影響は大きく、その後も「読売」は二〇〇〇年、二〇〇四年と改憲試案を更新し、政界や世論に働きかけるようになりました。

公明党の市川雄一書記長からも国民投票制度の導入、地方分権、環境権の明記などの検討が提起され、さらに一九九六年に民主党が結党されると、とりわけ鳩山由紀夫が首相公選制、国民投票制度、環境権の導入などを提唱し、党としても改憲ありきではないが、改憲を認めない護憲でもない、未来志向の「論憲」の立場を強調するようになったのです。

世論も政党政治のなかでの憲法争点のあり方の変容を反映して、一九九〇年代後半までには総じて改憲賛成が反対（護憲）を上回るようになりました。「朝日新聞」では、一九九七年調査で、憲法を「改正する必要がある」とした回答が四六％に対して、「改正する必要はない」が三九％と、初めて改憲賛成が反対を上回りました。

しかし統治制度改革や新しい人権などの九条以外の憲法改正項目案は論点が拡散し、かつ緊急性もなければ実現性もなく、その意味で提唱者に真剣味があるわけでもないため議論が一向に熟さず、議論のための議論に陥っていたきらいがありました。結局、復古保守勢力、改革保守勢力、また公明党や鳩山由紀夫ら民主党の改憲派などにしても、他の項目に言及しつつもやはり九条改憲が最大の焦点であることには変わりがなかったと言えます。

ところが世論調査の示すところによると、九条に対する評価は依然として高く、一九九七年の「朝日」の世論調査では、九条改憲賛成二〇%に対して反対が六九%となっており、九条については護憲論が底堅いまま、漠然と改憲あるべしというムードが広がっていったというのが実態でした。言うなれば、一九九〇年代をつうじて憲法改正の合意争点化が図られた一方で、その隠れた本丸である九条改憲は対立争点でありつづけたわけです。

総論としての改憲ありきムードのなかで、二〇〇〇年に初めて国会に憲法調査会が設置されると、ますます九条改憲への働きかけが強まっていきました。「日本経済新聞」の社説は、二〇〇〇年に「かつての『護憲か改憲か』の論争から、改正するとすればどこをどのように変えるのかという具体論に焦点が移りつつあると言えよう」（二〇〇〇年五月三日、「日本経済新聞」朝刊）と論じ、九条を含めた憲法改正賛成の姿勢に転じていきました。

財界では、二〇〇三年に経済同友会が「憲法問題調査会意見書」をまとめ、二〇〇五年に日本経団連と日本商工会議所もそれにつづいてそれぞれ報告書を発表しました。経団連は、自衛隊の保持と集団的自衛権行使を明記するための九条改憲と九六条の憲法改正手続き要件の緩和に焦点を絞った主張を展開しましたが、これはグローバルな経済秩序のなかで国際展開する日本企業の権益を守るためにも九条の制約から自衛隊を解き放ち、日米安保同盟を強化していく必要があるという財界に広がる認識に基づくものでした。

「産経新聞」「読売新聞」「日本経済新聞」が改憲賛成を鮮明にしたのにつづき、「毎日新聞」が「論憲」を打ち出したことも、改革保守的なレトリックが政党システムに広がるなか進む憲法改正の合意争点化を反映するものでした。衆議院憲法調査会の中間報告が発表されたことを受けた二〇〇二年の社説シリーズの冒頭において、「多分に復古的な傾向を持った改憲論、それに対抗して、何が何でも憲法を守るという、後ろ向きで、とても未来志向とは言えないような議論から完全に脱却しているとは言えない」と指摘しつつ、「今の憲法を根本から否定して、全面的に直すべきだとする反憲法的態度には反対する」が、「改正を全否定しない」としたのでした（二〇〇二年一一月二日、「毎日新聞」朝刊）。

こうした政党やメディア状況を反映して、二〇〇五年の「朝日新聞」の世論調査では、憲法改正の「必要がある」が五六%、「必要はない」が三三%となり、九条については「変えないほうがよい」が五一%、「変えるほうがよい」が三六%となりました。

五　構造改革路線と「アイデンティティの政治」の到来

二〇〇〇年代前半と言えば、小泉政権による新自由主義的な構造改革の政治のただなか、一見、改革保守が自民党にも飛び火したかのように見えましたが、現実には、「毎日新聞」が上記の社説で言及した「復古的な傾向を持った改憲論」つまり復古保守が再び頭をもたげ、やがて自民党のなかで主流化していく途上でした。

一九九七年に神社本庁などにより日本会議が結成され、復古保守の反転攻勢がはじまりました。二〇〇〇年に森喜朗首相が「日本の国、まさに天皇を中心にしている神の国であるということを国民のみなさんにしっかり承知していただく」とスピーチしたことが報じられ謝罪に追い込まれましたが、これは神道政治連盟国会議員懇談会での発言でした。

森の後継となった小泉は在任中毎年、靖国《やすくに》神社への参拝をつづけただけでなく、安倍、麻生太郎、中川昭一、平沼赳《たけ》夫《お》ら次世代の復古保守議員を重要閣僚として重用し、その主流化を進めました。小泉自身は復古保守よりも改革保守（新自由主義）の政治信条を持つ政治家ですが、便宜的であれ復古保守と連携し、結果的に彼らが自民党内で主流派となっていくための橋渡しをしたと言えるでしょう。

それはまさに、構造改革路線を突き進み、新自由主義転換を推進することによって「利益の政治」にとどめを刺したかっこうとなった小泉が、必然的に「アイデンティティの政治」を招き入れ、復古保守の復権を準備したとも言えます。これはグローバルな規模において、ポスト冷戦時代の政治が「利益」という合意争点をめぐる政治から「アイデンティティ」という対立争点をめぐる政治へと比重を大きくシフトさせたのと同じことが日本でも起きているということです。

先に見たように、冷戦期は利益の分配・再分配の調整によって階級間対立の緩和と国民統合が図られていたわけですが、サッチャー以降の新自由主義転換がポスト冷戦のグローバル資本主義社会で推し進められ、その結果、雇用の劣化、格差の広がり、自己責任論の蔓延《まんえん》がもたらされました。こうしたなかで、改革保守勢力は復古的な価値観やアイデンティティを振りかざし、支持調達のためにナショナリズムや排外主義を動員するということを行ったのです。サッチャーの場合は、フォークランド紛争や欧州統合などの対立争点化がこれにあたります。

言うなれば、利益（カネ）によって国民統合を図ることを放棄し、代わりに復古的なナショナル・アイデンティティを煽《あお》ることによって、国民経済の崩壊と階級間対立の先鋭化を覆いかくす「アイデンティティの政治」の手法が改革保守によって用いられるようになったのです。

グローバル化経済の先陣を切って新自由主義化を進めてきたイギリスとアメリカで、今日、移民排斥感情を煽り、欧州連合（ＥＵ）離脱派や、「メキシコとの壁」「アメリカを再び偉大な国に」などと訴えたドナルド・トランプがそれぞれ「勝利」したのは偶然ではなく、新自由主義改革がもたらした分断社会を復古保守が「アイデンティティの政治」によって糊塗《こと》するようになった現代の政治状況を表しています。

同様に、小泉構造改革路線に、「美しい国、日本」「戦後レジームからの脱却」「日本を、取り戻す。」を掲げる二度の安倍政権がつづいたのはゆえあってのことです。こうして、二〇〇〇年代半ば以降、改憲論議は徐々に改革保守から復古保守へと主導権が移っていきました。

二〇〇五年夏に自民党が発表した「新憲法第一次案」は復古保守の衝動を改革保守がギリギリのところで枠に押し込んだものでした。九条について「戦力の不保持」「交戦権の否認」を削除したうえで、集団的自衛権の行使まで含めた「自衛軍」の保持を明記、九六条の改憲発議要件の緩和も盛り込んでいたことが最大の特徴でした。また首相らの靖国公式参拝の妨げになってきた二〇条の政教分離原則を骨抜きにする明治憲法に倣った例外規定が設けられるなどしていましたが、他方、櫻井よしこが「日本の伝統や文明の価値」「美しい日本語で薫り豊かな憲法」を求める立場から「憲法改正を党是としてきた自民党案にしては正直物足りない」とこぼす程度に、復古保守勢力に不満が残る妥協案だったとも言えます（二〇〇五年八月二日、「朝日新聞」朝刊）。

同年一一月、自民党結党五〇年の機会に採択された「新綱領」も、冒頭から「新しい憲法の制定を」「高い志をもった日本人を」「小さな政府を」という項目が連なり、「自立した国民意識のもとで新しい憲法が制定されるよう、国民合意の形成に努めます」との記述がなされ、総じて改革保守と復古保守の共同作業の性格が色濃く滲《にじ》むものとなっていました。

安倍が小泉の後を継ぐと、教育基本法を改正し「伝統と文化を尊重し、それらをはぐくんできた我が国と郷土を愛する」態度を教育の目標に加え、防衛庁を省に格上げし、さらには国民投票法を制定し、改憲発議の原案を提出することができる憲法審査会設置の道筋をつけました。

六　安倍の復権と復古保守の主流化

しかし、「美しい国へ」と前のめりに「アイデンティティの政治」に突き進んだ安倍は、「利益の政治」をあまりに軽視した結果、小泉構造改革のもたらした格差社会に対する批判、年金記録漏れ問題、事務所費架空計上を含む閣僚らの相次ぐ不祥事などに足をすくわれ参議院選挙で大敗し、退陣を余儀なくされました。

政党間競争の激化によって、民主党も改革保守的な「憲法改革」論を封じるに至り、結局、憲法審査会はまったく機能せず、改憲機運は急速にしぼみ、二〇〇八年の「朝日新聞」の世論調査では、九条改憲賛成が二三%、反対が六六%となりました。

こうした状況は、二〇〇九年夏から二〇一二年冬までの三年あまりの民主党政権期にも変わることはありませんでした。しかし重要なのは、野党に転落し、予算や補助金、公共事業など「利益の政治」の手段を失った自民党が、この間、復古保守勢力の主流化によって、いっそう「アイデンティティの政治」に舵を切り、右傾化したということでした。

二〇一〇年に再び改められた「平成二二年（二〇一〇年）綱領」では、自民党内の主導権が完全に改革保守から復古保守へとシフトしたことを反映し、政策の基本的な考えの筆頭に「日本らしい日本の姿を示し、世界に貢献できる新憲法の制定を目指す」（傍点は引用者による）と書き込まれました。実際、二〇一二年四月に自民党が決定した「日本国憲法改正草案」は、二〇〇五年の第一次案では削《そ》ぎ落とされてしまったと櫻井が嘆いた「天皇の元首化」「国防軍の保持」「家族の相互扶養義務」などの復古的な主張がすべてストレートに盛り込まれ、「緊急事態」について丸ごと一章付け加えられるなど、立憲主義や人権思想の大前提さえ共有されていないもので、かつて第一次案の取りまとめ責任者を務めた舛添要一《ますぞえ》がのちにブログで「憲法というものについて基本的なことを理解していない人々が書いたとしか思えなかった」と驚きを表したほどでした。

二〇一二年一二月に民主党政権が崩壊し、復古保守が主導権を掌握した安倍自民党が文字通り「日本を取り戻す」と、こうした復古的な改憲衝動が前面に出てくるようになりました。国民投票に向けて安倍政権と直接連携をしているのが、日本会議が主導する「美しい日本の憲法をつくる国民の会」（櫻井らが共同代表）です。日本会議はかつて自主憲法制定を訴え、歴史修正主義的な教科書づくりに取り組み、元号法制化運動を展開した運動体を母体とし、神社本庁の全国ネットワークを動員して地方議会や首長にも影響を及ぼしてきましたが、国旗国歌法制定、教育基本法改正の実現など成功を重ねて、「美しい日本の憲法づくり」を最終目標に掲げています。

現実には、安倍や日本会議に代表される復古保守の立場からの憲法改正の推進は、かえって世論の警戒を呼び覚ます傾向があり、「朝日新聞」の世論調査を見ても、二〇一四年より憲法改正への反対が賛成を逆転し五〇％を上回るようになりました。九条改憲に対する反対はいっそう根強いものがあります。

安倍政権が二〇一四年七月に九条解釈改憲によって集団的自衛権の行使を容認、さらに二〇一五年九月に違憲の安保法制を強行成立させたことで、そうした傾向はいっそう強まり、二〇一七年春時点で、憲法を「変える必要なし」が五〇％、「変える必要がある」は四一％、また憲法九条については「変えないほうがよい」が六三％と「変えるほうがよい」の二九％を大きく引き離していました。

また、安倍の下、自民党が復古保守的な改憲アプローチを強め、ついには改憲どころか「非立憲」的な領域に突入してしまった結果、改憲問題そのものが、立憲対非立憲という新たな対立軸で争点化されたということもできます。最大野党が民主党（民進党）から党名そのものに「立憲」を掲げる立憲民主党へと変遷していったことは、このことを表しているとも言えるでしょう。

「美しい日本」「戦後レジームからの脱却」というような情動に突き動かされる復古保守が主導する改憲論は、イギリスの「ＥＵ離脱」やトランプの「メキシコとの壁」と同様に合理的な根拠を欠いた「アイデンティティ」の問題と言えます。悲願である九条改憲についてさえ、安倍首相の態度はとにかく改正させてくれれば何でもいいと言わんばかりのもので、自衛隊を明記するという改憲ができたとしても「これまでと何も変わらない」と言う一方、改憲案が国民投票で否決されるようなことがあったとしても自衛隊の合憲性は「変わらない」と言う論理破綻をきたしています。

非立憲的な復古保守の改憲攻勢に直面して、立憲主義に基づく政治を擁護する勢力は、改憲そのものに反対する立場を次第に鮮明にし、結果として、立憲と護憲の意味合いが融合した戦前の構図へと回帰している現状があります。むきだしでは訴求力にも広がりにも欠ける復古保守勢力は、改革保守的な装いを身にまとうことによって、自らが再び対立争点化してしまった改憲問題を何とか合意争点に見せるよう腐心し、さまざまな仕掛けを用意しています。

そのひとつが、「教育の無償化」や「参議院合区の解消」などいわゆる新しい人権や統治制度改革とかかわるような改憲案のなかに九条改憲をまぎれ込ませ、改憲ありきの土俵を再構築し、そのうえで何をどこまで改正するかという「程度」の差の問題であるかのように見せかけようという手法です。

もうひとつは、九条改憲についても改憲ありきの空気をつくるため、二項削除案、三項「加憲」案、「文民統制」明記案などさまざま含めて議論している見かけを演出し、最終的には穏当なところに落ち着いた「程度」感を醸成して賛成多数を引き出そうというものです。

本章で紹介してきた世論調査はその時々で調査方法や質問のあり方などが異なるため単純な比較はできませんし、ましてやここにきて改憲問題に関する世論調査の頻度が増し、結果のばらつきが散見しますが、本章執筆の時点でもっとも直近の、二〇一八年五月の憲法記念日を前に「朝日新聞」が行った調査では、九条一項と二項はそのままにして自衛隊を明記する三項を追加する安倍首相の改正案について、「反対」が五三％、「賛成」が三九％となっています。

改革保守の残像のアシストで安倍の復古改憲が現実のものとなるのか、立憲・護憲連合が立憲デモクラシーを守り抜くことができるのか、戦後最大の正念場を迎えています。

参考文献

斎藤貴男『ルポ　改憲潮流』岩波新書、二〇〇六年
境家史郎『憲法と世論――戦後日本人は憲法とどう向き合ってきたのか』筑摩選書、二〇一七年
中北浩爾『自民党政治の変容』ＮＨＫブックス、二〇一四年
三浦まり『私たちの声を議会へ――代表制民主主義の再生』岩波現代全書、二〇一五年

第五章　「ポスト真実」と改憲

西谷　修

一　トランプのアメリカ

アメリカにトランプ大統領が登場し、「ポスト真実《トゥルース》」という言葉が脚光を浴びるようになりました。この表現は、インターネット・メディアが情報環境を大きく変え、発信の敷居が下っただけでなく、広告と結びついたネット上のやりとりで、検証された真実（事実）よりも即座の感情的反応を誘う情報の方が高い頻度で拡散され、もはや情報流通にとって真実がものを言わない、嘘《うそ》（フェイク）か本当（ファクト）かは情報価値には関係がなくなった、そういう状況を言い表したものです。

失業や貧困化という経済メカニズムの生み出す問題を、「アメリカは割を食っている」というナショナルな被害感情にずらし、「アメリカ・ファースト」を掲げてトランプ大統領は登場しました。しかし、アメリカはすでにこの半世紀以上、世界で「ファースト」として振舞ってきたという意味では、このレトリックそのものが「フェイク」（嘘、でっちあげ）なのですが、この標語を掲げて登場したトランプは、アラブ系の人びとを締め出すとか、メキシコとの国境に長大な壁を築くとか、巨大な軍事費をさらに大幅に増やすとか、核兵器使用をちらつかせるとか、言いなりになる同盟国に大量の武器を買わせるとかの道に邁進《まいしん》しています。つまりグローバル化から生じる諸問題を、アメリカに好都合な強者の論理で押し流そうとしています。それによって煽《あお》られるのは、国内での人種差別や社会分断の助長、そして世界では戦争の危機です。ここでは踏み込みませんが、シリアへのミサイル攻撃にみられるように、いま自由に戦争ができるのはアメリカだけなのです。

それにもかかわらず「割りを食っている」という、この被害感情の正体は何なのでしょうか。第二次世界大戦後、この人類規模の大災厄への反省から、人種や国籍を問わず誰もが生存を尊重され幸福に生きる権利があるという「人権」の観念が、西洋世界から地球大に拡張されました。世界人権宣言などに表現されたその原則は、人権の主張を生み出した西洋世界や、とりわけ二度の世界大戦を通して国際社会の盟主となったアメリカ国内にも跳ね返ります。この原則に沿って、ヨーロッパ諸国は植民地住民の権利を認め、支配の歴史をそれなりに清算してアジア・アフリカ地域の独立を承認することになりました。アメリカでは、奴隷解放を経て一世紀の後も根強い差別にさらされてきた黒人にようやく公民権が認められるようになり、それからは先住民の末裔《まつえい》の権利が回復され、女性の権利なども認められるようになりました。そうして「移民の国アメリカ」は、その「ナンバー・ワン」の栄光と繁栄によって世界中の人びとを引きつけ、また繁栄は新たな労働力を必要とし、世界各地から移民を受《う》け容《い》れてきました。そのような「開かれたアメリカ」「誰もがチャンスに恵まれるアメリカ」の到達点として登場したのが、アフリカ系のオバマ前大統領だったと言うこともできますが、じつはそのときにはもう、「テロとの戦争」やリーマン・ショック以来の金融危機を通じて、アメリカの栄光はだいぶ擦り切れていたということも否めません。だからこそこんな大統領が生まれてしまった、と言わんばかりに、オバマ前大統領の政策のことごとくを潰しているのがトランプ大統領です。

二 「ポスト真実」と戦後的価値の否認

さてそこで「割を食ったアメリカ」とは何なのでしょう? あるいはそれは「誰の」アメリカなのか? 言うまでもなく「白人のアメリカ」でしょう。トランプ大統領の支持基盤についてはいろいろ言われますが、際立っているのは二〇一七年の夏バージニア州シャーロッツビルで事件を起こした白人至上主義やネオナチなどの差別主義団体です。ナチス・ドイツと戦ったアメリカにネオナチがいるのは奇異な感じもしますが、アメリカは人種差別の実績に関しては筋金入りです。トランプはユダヤ人ビュローも頼りにしていますが、もう一つの支持基盤キリスト教福音派などは、その教義からイスラエル支援を強く要求しています。その両者が支援するイスラエルは、パレスチナ人に対するアパルトヘイト国家とも言われています。つまり強固な人種隔離政策をとる国であって、その点ではナチズムとも通じています。そこでは、ユダヤ人云々《うんぬん》の問題ではなく、科学主義によるのであれ宗教的原理主義によるのであれ、差別感情とそれによる加害の正当化が共通項になっています。いずれにせよ、トランプの言う「アメリカ」とは、先住民を掃討してここに「新世界」を建設し、アフリカ系黒人を奴隷にして繁栄を築いた者たちの「アメリカ」であり、そのアメリカを作ったのは「銃を持つ男たち」であり、彼らの「力の正義」（強い者が決める）だったのです。

その彼らが「アメリカの繁栄」を生み出したと思っていたにもかかわらず、二〇世紀後半、つまり第二次大戦以降になると、「人権」や「平等」の理念が世界的に押し出され、「力の正義」の姿勢は否定されて日陰に押し込まれることになりました。ＫＫＫが夜な夜ないたぶって公園に吊《つ》るしていた黒人たちは対等の権利を要求し、騎兵隊のヒーローたちの西部開拓が批判されて先住民が保護を受けるようになり、「銃を持つ男たち」に憧れてその意に適《かな》うことを喜ぶはずだった女たちまでが（その後、フォード・システムは女性を馴致《じゅんち》するためにミス・コンを用意した）、女性の権利を要求して社会に進出し、調子に乗って「ガラスの天井」を破るなどと言い出す。この「民主的なアメリカ」が世界にいい顔をするために、「アメリカは割を食っている」というわけです。

そして、そういう戦後の趨勢《すうせい》を支えてきたのが既存の大手メディアであって、それが人権や平等に基づく考えを「真実（事実）」として広める役割を果たしてきた。だが時に利あり、その割を食って自由や人権などエリートのきれい事（偽善）だとしらける連中も増えてきたし、そう、「言論の自由」だ、何を言っても自由なんだろう、自分たちは黙らされてきた、本音を言って何が悪い、と声をあげられるようになった。衛星テレビもできた、それにインターネットでＳＮＳやネット配信もできる。誰もが「自由」にものを言う権利がある。そうして、真実の保持者を気どる大メディアに対抗して、自分たちの思いを「自由」に発信し拡散する人びとが現れ、経済原理にしたがってその情報発信も市場化される。売れる情報はよい情報。もはや歴史的「真実」などくそくらえ、自分たちの言うことが「オルタナ・ファクト（別様の事実）」だ……、そのような主張が、メディア事情の構造的変化によって可能になったということです。

三　安倍政権の日本

このアメリカでの事情と、ほとんど同じことが日本でも起きています。どういうことでしょう。

簡単にまとめて言えば、第二次大戦後、世界の安定のための共通了解として「公共的正義」というものが確認され、それが戦後世界の各国の社会秩序のベースになりました。既存のメディアはそれに参与することで報道機関としての信用をえています。しかしその状況が変わったのです。一言で言えば、それを共通認識の基盤として認めない「歴史否認」

ないしは「歴史修正」の動きが力を持ってきたということです。その条件を作り出したのは、グローバル経済の原理となったいわゆる新自由主義体制の諸原理（物は言うに及ばず、金、人、権利、すべての商品化と自由競争）ですが、ここでは踏み込みません。

「歴史否認」（ネガショニズム）という言い方は、もともと第二次大戦中のナチスのユダヤ人殲滅《せんめつ》計画について、そんなものはなかったと否認する主張に対して用いられました。日本でも中国や韓国との間でよく「歴史問題」が取り沙汰されます。南京《ナンキン》大虐殺とか従軍慰安婦の問題をめぐって、双方の主張が食い違うと言われます。しかしこれも実際に起きた出来事があり、その評価は学問的にも大筋のところで認定されています。そんなことが起こってしまった、二度と起こしてはいけないという意味で、その行為は断罪され、戦後の世界を方向づけるための、共通認識として要求されました。ところが、これが日本軍にとって不名誉だとして、それに関する日本軍の関与をできるだけ希薄にし、できたら消してしまいたいと望む人びとが、さまざまな「オルタナ・ファクト」を繰り出して事実を否認しようとします。そして国家間で必要な反省や謝罪を拒否しようとします。しかし、じつはそのことの方が見苦しい不名誉であって、「過ちを改めざる、これを過ちと言う」は万国共通の格言です。けれども、それを受け容れたくない（敗戦したにもかかわらず）、日本は悪くないと主張するのが「歴史否認」です。

このような現象は世界の先進国に共通に見られ、アメリカではトランプ大統領の登場、ヨーロッパでも移民問題を背景に台頭する極右勢力、そして日本では安倍政権の支持層がそれを代表しています。つまり、第二次大戦後の世界秩序のベースとされた価値観が、その戦後秩序によって斥《しりぞ》けられ、抑え込まれてきたと思っている人びと（とその共感者）による巻き返しに遭っているのが、今日の状況だと言うことができるでしょう。

もちろん、戦後七〇年を経て状況は大きく変わっています。一時期を規定していた冷戦構造もなくなっています。そしてＩＴ技術や経済のグローバル化が社会の基盤構造をも大きく変えています。そこに地球環境問題のような人類的な課題も現実味を帯びてきました。この共通の困難に向き合うことが課題だというときに、近代以降の世界を破綻させた世界戦争の教訓の上に未来を展望するのか、あるいは戦後秩序によって抑圧されてきた「力の正義」、互いに争い力がすべてを決することをよしとする「差別主義」が再び世界を押し流すのか、その対抗がいま各国の政治の分水嶺《ぶんすいれい》として現れてきているのです。

アメリカでトランプ大統領が当選したとき、日本の安倍首相は世界の驚きと顰蹙《ひんしゅく》をものともせず、われ先にトランプの当選を歓迎して駆けつけました。それは安倍首相がトランプ米新大統領に、自分との浅からぬ近縁性を見たからでしょう。

いわゆる「ポスト真実」状況とは、ネット環境によって可能になったこのような「歴史否認」、世界戦争の教訓やそこから導かれた社会原理などを否定しようとする「抑圧されたものの回帰」が作り出しているのです。

四　歴史否認と対米従属

ところで、安倍首相やその支持者の「歴史否認」には根深いものがあります。それは、アジアに背を向けアメリカの方しか見ないという動かしがたい姿勢に表れています。いや、逆に言った方がいいかもしれません。日本は東アジアに位置する国であるにもかかわらず、大陸を頭から敵視してアメリカの腕に駆け込むといった姿勢です。「地球儀俯瞰《ふかん》外交」を掲げて世界各国を歴訪し、支援金の手形をばらまいたりしていますが、それは国際社会における日本のプレゼンスを高めたいがためでしょう。国内では財政赤字を口実に国民生活に必要な予算を惜しみなく削りながら海外で財布をはたくのは、「悲願」の国連常任理事国入りのための票集めかもしれません。いまどき「福島はアンダー・コントロール」と嘘をついてまでオリンピックを引っ張ってくるのも同じで、「国威発揚」とか「日本ガンバレ」（何に対して？）気運の醸成のためのようです。

しかし、それがうまくいかないのは、戦後の日本がまったくの対米追従国であり、日本が常任理事国になったら恣意的な大国アメリカにもう一票与えることになるだけだと世界は知っているからです。それに、まぎれもない経済大国だった一九八〇年代ならいざ知らず、さまざまな経済指標を見ても日本はもはや一等国とは言えないでしょう。とくに二〇〇〇年以来下がり続ける個人の平均所得や、その見かけを繕っている貧富の差の拡大、国の将来への投資になるはずの教育関係予算の削減、最近取り沙汰される子どもの貧困率の高さ等は、とても先進国とは言えない水準です。そしてよく知られているように、メディアの自由度は突出して低い評価を受けています。そんな国に国際社会の信望が集まるはずはないでしょう。

ひところ「失われた二〇年」と言われましたが、それは実際には、日本が冷戦後の世界変動に何らのヴィジョンも描けず、ただただアメリカに従うことしかしなかったという無策の結果です。冷戦終結時こそ、たとえ暗中模索であっても、日本はグローバル世界のなかでの「自立」に向けて将来をプランニングできる機会だったはずですが、二つの方向からの対米従属の圧力にさらされ、それに流されることしかしなかったのです。

ひとつは八〇年代以来のアメリカからの経済的圧力です。日米安保体制下で経済的に発展したのだからその分も貢献せよというわけで、市場開放や構造改革を求められ（アメリカ経済を脅かすまでになった日本経済の「強み」を、不正競争によるものとして「改革」せよという要求）、日本はそれに応じて日米構造協議で出される年次要望に沿った「改革」をつぎつぎに実施してきました。これは「雇用の自由化」や「法曹改革」「教育改革」「郵政改革」等々として続き、農協体制を解体して日本の食を米バイオ・ケミカル企業に委ねると言われたTPPにまでつながっていました。

もうひとつは軍事化の圧力で、冷戦終結後すぐに起こった湾岸戦争に見られるように、軍事力にものを言わせる世界統治を始めたアメリカからの、「金を出すだけではなく血を流せ」という要求です。それは日本の軍事化を認める誘導路でもありましたが、アメリカの要求は日本が独自の軍事力をもって自立せよということではありません。アメリカのグローバル戦略の一部を肩代わりせよということです。だからその後に進められた日本の軍事化は、「日米の一体化」を条件にしています。日本は軍備を強化するが、その「軍」は米軍指揮下でしか動けないということです。そこには「戦勝国アメリカ」の強い意志があります。しかし日本の指導層は、この対米従属をあたかも対等の関係であるかのように「日米同盟」と呼び（これからして間違いなく「オルタナ・ファクト」です）、軍事強化が「国威」の発揚であるかのように振舞っています。

日本の統治層の頭の中にある世界地図では、日本列島がエビのように身を丸めてカリフォルニア沿岸に貼りつき、アメリカの懐から太平洋の向こうの中国をひたすら睨《にら》んでいるかのようです。そんな日本を牽制《けんせい》に使いながら、アメリカは中国といまや世界統治の主要なパートナーとして関係を深めています。それにもかかわらず、台頭著しい中国、一世紀半の西洋列強からの収奪とそれに乗った日本の侵攻の打撃から立ち直った一四億中国に対抗し続けるために、自分たちが無条件降伏した、つまりグーの音も出ないまでに負かされたアメリカに今度は身を預け、近隣諸国を敵視することで過去の栄光幻想にしがみつく、それが敗戦をすり抜けた日本の統治層の抜きがたい習性なのだと思わざるをえません。そこには日本が、自分たちの国だという意識はあっても、国民は相変わらず統治すべき対象に過ぎないのです。そのことは、国民は国のために尽くすべきであって、国に権利を要求するなどもってのほか、という自民党憲法草案に如実に表れています。

五　世界戦争後の社会原理

ともかく、第二次大戦後、軍事力を使って国家間あるいは集団間の争いを解決しないというのが大原則になりました。一九四四年のフィラデルフィア会議を皮切りに、国連憲章採択を経て四八年には世界人権宣言が出され（パリで行われた第三回国連総会）、それが世界戦争後の国際社会の規範とされました。もちろんそれは「たてまえ」で、実際にはさまざまな口実を立てて力にものを言わせる事態は多く発生します。しかしそれでもこの「たてまえ」を立てずにはすまされないというのが、世界戦争という人類的危機を経験した二〇世紀後半以降の国際社会の規範的ベースでした。そしてそこでは、確定された歴史的事実を「真実」として共有するということも前提になっていたわけです（これを「偽善」と言う人もいますが、だとしたら世界戦争の災厄から人間が引き出したものは何もなかったことになるし、人間世界に「善」などありえないということになります）。

そこでは、ユダヤ人殲滅につながった人種差別政策や、大量殺戮《さつりく》あるいはジェノサイドは、一定の人間集団への侵害というだけでなく、それを主張し実行するのが国家であれ個人であれ、人間にとってあるまじきことであり、人類の存続を危ぶめるものとして断罪されるようになります。それが「人類に対する罪」というものです。そしてもちろん侵略戦争も断罪されます。あらゆる個人と同様、民族や国の存続が尊重されなければならないからです。すると、殲滅兵器である原爆投下が問題になりますが、これは世界戦争を終わらせるための最終手段として必要だったというアメリカの主張が通りました。そのため戦後は核技術を正当化するために、それは人類に豊かさをもたらす文明の精華だとして「民生利用」が推進されたのです。核技術はじつはこの時点から、プロパガンダの粉飾なしには使えないものだったのです。情宣と訳されるプロパガンダとは、ただの宣伝というより、偏った情報や「オルタナ・ファクト」をまき散らして事実を見えなくする手段です。しかし「あらゆる人には生存の権利がある」とか「人類に対する罪」の考えの流れで、かつて欧米諸国が行っていた植民地支配や、遡って奴隷貿易などが、過去のことながら他者の権利の根底的蹂躙《じゅうりん》だったとして否定されるようになり、さらにはアメリカの先住民、そして近代資本制社会で認められなかった女性の権利その他、性に関わる差別も否定されるようになったのです。それが今日、多様性を認める社会のベースになっているわけです。

それらを基本原則とし、徐々にそれを実現しながら戦後の世界は今日まで進んできました。ただ、冷戦構造はやはり力の対峙《たいじ》を軸にしており、戦後的原理を大きく制約していました。だから、それが終わることによって、戦後の諸価値はグローバル化することになりました。ちょうど戦後半世紀あたり、一九九〇年代のことです。しかしまさにそのころから、その「戦後」によって居場所を失い、沈黙を余儀なくされていた勢力、戦後の「正義」のために冷や飯を食わされていたと考える勢力の「反撃」が始まったのです。彼らがときに冷戦期のメンタリティーを持っていると見えるのはそのためですし、新自由主義の「自由」に合流して何を言ってもよい「自由」に棹《さお》さすのもそのためです（彼らは歴史否認のことを「自由主義史観」と言わなかったでしょうか?・)。

六　憲法第九条と世界の戦後秩序

さて、第二次大戦から七〇年、戦争を原則禁止すると言いながらも、冷戦は潜在的な核戦争態勢でしたし、冷戦後も超大国アメリカの軍事力活用を続けるという明確な姿勢もあって、戦争のレジームが更新されるとともに、IT革命を経て技術的進化が戦争の内実も大きく変えています。とりわけ、戦争原則禁止の拘束は「テロとの戦争」の発案によって解除され、大国はいつでも不分明な敵を指名して戦争を正義として発動できるようになりました。そして恒常的危険に対応する国家の戦争体制を「安全保障」と言いかえて、それ自体を恒常化するようになっています。つまり、二〇〇一年の9・11以降、大国・先進国は「テロリスト」が人類の敵であるとして、人類の埒外というカテゴリーを作ることで、戦争ができる態勢を作り直したわけです。その上技術的には、戦争の「無人化」を進め、戦場から「人間」が消されて(抹消されるのは「非人間」たるテロリスト、それに対する攻撃はドローンやＡＩ搭載の戦闘ロボット、巻き込まれた犠牲者は、いてはいけないのにそこにいてしまった「人間の盾」か不慮の「コラテラル・ダメージ（副次的被害）」として処理される）、もはや「人道」の入り込む余地などなくなっています。そして何より「テロとの戦争」には「終わり」がありません。だからこそ、なおさら武力を行使しない歯止めが必要なのです。国が、というより恣意的な政権が戦争を始めないように。戦争するために国家を利用しないように。

いま日本では、憲法に自衛隊を書き込むかどうかが問題になっています。「非戦」の原則が書かれた憲法第九条に自衛隊の存在を書き込んで、憲法上の根拠を与えるということです。あるいは、すでにＰＫＯ部隊として自衛隊を海外に送っている現状からすると、戦力不保持に留《とど》まるのは国際法との関係で無責任だという議論もあります。この後者の議論に関しては、憲法と矛盾する現状を、閣議決定等であえて作ってきた政権（歴代政権でもいいですが）に問題があるわけで、糺《ただ》すべきところが違うでしょう。

軍事力の不保持・不行使は、世界戦争の帰結として、そのときの日本の存続条件として決められたものです。その意味で、憲法第九条は世界の戦後秩序とセットになっています。

仮に軍事力不行使の大原則を取り払いたいなら、そして自衛力＝軍事力を公然と掲げたいのなら、日本はなぜ（たてまえとしてでも）軍事力を放棄したのか、せざるをえなかったのかをもう一度考えてみなければなりません。日本の軍事力（日本軍）は世界を向こうに回しての無条件降伏という結果を招き解体されたのだということ、国内的に見ればその軍国主義体制が破綻したのだということです。

七　日本軍の特殊性

近代国家は基本的に「戦争をする国家」ですから（ウェストファリア体制ではそういうことになっています）、どこの国にも軍があります。しかし日本の軍隊は特殊でした。フランスやアメリカの軍隊は、もともと義勇軍から出発しています。それは民主体制の自己防衛のためで、国のために戦うということが個々人の自由な意志に支えられ、それが規範化されて国民軍ができました。だから原理的に市民＝兵士が主体です。もちろん軍隊である以上、指揮命令系統は効果的でなければならず、兵士は戦う組織の一員になりますが、兵士が主体という出発点は組織原理の中に保たれます。

ところが日本の軍隊ははじめから「天皇の軍隊」として徴用・組織され、初期から軍人勅諭が課されています。上官の命令は天皇の命令と思えと言われ、どんな理不尽な命令にも逆らうことはできません。天皇の名を借りて上官は兵卒にどんな無理も言います。では天皇はといえば、その地位はあらゆる責任を免れることになっています。だから組織内で生じる不条理も無謀な作戦の失敗も、上官は天皇の名を引いてやりたい放題で、責任はとらない。そして兵卒はどんな無理もやらされる、という強権的抑圧体制ができます。そんな暴力を内閉した閉鎖組織が外部に向けて解き放たれるときどうなるか、それがアジアのいたるところの戦場で日本軍の所業として示されたわけです。

それでも「大義」を信じ、「故郷の山川」や近親のためにと思い、身を棄《す》てて若い命を散らした人びともいました。それが「散華」とか「玉砕」と美化されて、国家のための無私の犠牲精神と讃美《さんび》されますが、外から見れば、彼らは「コナトゥス」(生きる意志)を持たない——持つことを許されなかった——自殺攻撃者として「カミカゼ」の名で恐れられ、現在のイスラーム主義を掲げる「テロリスト」の原型とみなされているわけです。

どの国にも戦争文学があります。戦争は生存のすべてを巻き込む極限的な状況ですから、その体験を語った、あるいは戦争の状況を描いた文学作品は生まれます。しかし日本には「軍隊もの」とも言うべき特殊なジャンルがあります。それは軍隊という組織にまつわる不条理や暴力性・抑圧性・非人間性を描いたもので、五味川純平の『人間の條件』から大西巨人の『神聖喜劇』まで、戦後数多くの作品が書かれました。これは日本軍だったからのことだと言わねばなりません。

戦後、朝鮮戦争を機に作られた自衛隊は、日本軍との法的、組織的な連続性はありませんが、旧日本軍の人材をもとに作られており、そのため隊の要職を務めて政治家になるような人たちの発言には「懲りない日本軍のゾンビ」のような傾向が多々見られます。

日本軍の問題はそれだけではありません。「軍部の独走」ということが語られたように、昭和の戦争期には軍が独自の勢力となって、軍の意向に従わないと政治ができないような状態が生まれました。満州事変も日華事変（宣戦布告がなかったからこう呼ぶ）も、軍がいったん交戦状態に入ったらもう誰も止められなかったのです。そうして総理大臣も軍人でないと政治が回せないようになり、その結果が「先の大戦」です。

その深刻な反省の上に立って、日本は戦力不保持を大原則にしているわけです。日本には残念ながらそのような軍隊の伝統しかありません。そういう日本軍の歴史的総括なしに、日本に軍隊を復活させることはできないでしょう。自衛隊が「戦力」かどうかという議論も、そこに立ち戻らなければなりません。その問題をごまかして、いま自衛隊に憲法上の地位を与えることは、立法・行政・司法を定めた憲法内に、事実上それと並ぶ法的根拠を与えることになりかねず、それはこの国の決定審級としての「軍部」形成に道を開くことになります。実際には、「日米一体化」の下ですでに自衛隊は軍として、国会や国民のコントロールを超えた振舞いを始めているのです。

八　対米従属からの脱却

もちろん、憲法とりわけ第九条を語るのに、日米安保条約との関係、さらには日米地位協定を考えないわけにはいきません。日本は日米安保条約によって米軍の駐留を認め（求め）、国内に基地を提供し、かつその駐留軍に免責特権を与えているわけで、その意味ではアメリカの軍事保護国だと言わざるをえません。

日本のナショナルな自立・独立を言うのなら、まずこの体制から脱却しなければならないでしょう（もちろん、アメリカと断交するという話ではなく、フィリピンや韓国やドイツがそれぞれにやっているように、対等な関係にするということです）。しかし、現在の「改憲派」にとっては、日米安保条約こそが「不磨の大典」であって、それに触れることは問題にもなりません（改憲は折にふれて課題にするのに、一九七〇年の更新以来、この条約は半世紀にわたって一度も問われることなく自動更新しています）。その人たちが、自前の軍隊を持たないのは恥ずかしい、「恥ずかしくない国」として軍事力を持つと言います。しかし、米軍フリーパスの地位協定があるばかりか、「テロとの戦争」の時代に入って「日米同盟」の名の下に、自衛隊と米軍はますます緊密に連携を深め、イラク戦争のころには「有事」には自衛隊は米軍の実質的指揮下に入ることが決められました。それが自衛隊と米軍の「一体化」と言われています。それ以降、安倍首相がアメリカの戦勝七〇年の式典に参加したときに倒錯的に自慢したように、かつての敵国日本はアメリカの模範的同盟国となり、固い絆《きずな》で結ばれているわけです。つまり、日本の自衛隊（日本軍）はいまや米軍の一部隊として使われるということです。

そして確認しておけば、この「一体化」は国会の審議も経ず、「2＋2」の会合などで「運用規定の改訂」というかたちで進められており、安保法制の論議のなかで明らかになったように、自衛隊と米軍の幹部間で緊急時の対応や合同演習などが勝手に決められているのです。すでに日本には「軍部」が再生しつつあると言っていいでしょう。

これが現状であって、安倍首相の言うように「九条追加で何も変わらない」というなら、たしかにこの状態が変わらないまま、憲法に書き込まれることになります。自衛隊の「軍部」化と、さらにその「軍部」が米軍の事実上の指揮下にあることがです。そして、それでも「国軍」ではなく「自衛隊」と呼ばれているわけです。まさに国民に知らしめずに進む「属国化」だと言わねばなりません。

そんなことを日の丸を掲げて国威発揚に邁進する「改憲派」はなぜ望むのか。そこには敗戦以来の日本の統治層の一部の宿痾《しゅくあ》があります。彼らはアメリカと当時の世界に敵対する戦争の責任者だったわけですが、敗戦のときアメリカに身を売ること、アメリカの日本統治の下請を進んで引き受けることで、戦後も日本の統治層にとどまった勢力です。だから「対米従属」は彼らのアキレス腱であり、いまではそれが「日米同盟」と言い換えられていますが、そのだまし絵のような表現は彼らが日本の統治権を維持するための塗り壁なのです。ただ、それによって国内はごまかせても、海外からは実情があからさまに見えます。それがいま、トランプ政権を無条件支持する安倍政権下の日本を世界から孤立させている理由でもあります。ところが国内では、メディアをコントロールすればこの構造は見えなくなります。つまりは「フェイク」（嘘・粉飾）によって日本では「オルタナ・ファクト」がまかり通っているということです。「日米同盟」「自主憲法」「自衛隊」そのすべてが「フェイク」で、それがまかりとおるところまでもってきた、それが「改憲機運の高まり」と言われる事態の実相でしょう。

しかし、世界の戦後秩序のベースは人類にとっての「ポイント・オブ・ノーリターン」です。それは世界戦争の大災厄を経て、文明世界の存続の条件として合意された基本要件です。それを取り外したら、この先には二〇世紀の戦争にさらに輪をかけたような災厄しかないという原理です。世界が現在の生産性や技術力をもちながら、暴力と奴隷制の時代に戻るのを拒むのなら、じつは「この道しかない」のです。どんな改憲でもなく、むしろこの憲法の理念を世界に想起させ続けることの方が、何より人類に対する日本の貢献になるでしょう。

第六章　解散をめぐる憲法問題

山口二郎

一　解散権の歴史

イギリス議会政治における解散

解散とは、行政権の保持者が議会（二院制の場合は下院）の議員を失職させ、新たに選挙を求める行為です。解散は、国民主権や議会制民主主義に基づく近代的統治機構が確立するはるか以前から存在しました。

民主主義以前の時代の行政権の担い手は君主であり、君主＝行政権と議会＝立法権は分離されていました。そして、議会の解散は君主の大権と考えられていました。君主と議会が実質的に対立していた時代には、行政権による議会への抑制の手段として、さらには逃走の手段として解散権が行使されました。そのような対立の最も極端な事例は、一七世紀後半イギリスの名誉革命前夜における国王ジェームズ二世と議会の対立でした。ジェームズは一六八五年五月に議会を召集し、八七年七月に解散しました。しかし、議会と国王の対立は深刻化し、議会は翌年、オレンジ公ウィリアムに即位を要請しました。ウィリアムはこれを受けてイングランドに上陸し、ジェームズは逃亡しました。これが名誉革命です。

その後、国王と議会の権力闘争は次第に影を潜め、国王が議会の有力者、のちには多数派の指導者に行政権を預ける、議院内閣制が形成されました。それでも一八世紀には国王が自らの判断で解散の大権をふるうこともありました。そのような専権事項としての国王による解散は、一八三二年のウィリアム四世による解散が最後だと言われています。議院内閣制の成立とともに、解散は首相の要請あるいは助言に応じて国王が行うという慣習が定着しました。イギリスにおいては今でも解散権の行使は慣習に基づいて行われています。

民主主義体制における解散の意味

国民主権が定着して、行政権の担い手も民主的な正統性を持つようになれば、解散権の意味は当然変わってきます。民意によって行政権の担い手を決める仕組みとしては、直接行政府の首長を選ぶ大統領制と、議会の多数派が行政府の首長を指名する議院内閣制の二種類があります（イギリスの場合、議会での首班指名選挙はありませんが、議会の多数派を国王が首相に任命するという慣習があります)。行政府の首長と議会の多数派が異なる、いわゆるねじれ状態が起こったときに、二つの権力の調整をすることが課題となります。その調整の手段として、解散権が位置付けられます。

アメリカは厳格な権力分立制を取っており、大統領は議会解散権を持っていません。大統領と議会の多数派が異なる党派になった場合には、その議会の任期中、大統領と議会の複雑な駆け引きが続くことになります。

フランスの第五共和政では、大統領と議会が別個に選挙されます。かつては大統領選挙と議会選挙が別の時期に行われていました。議会の少数党の候補が大統領に選ばれたときには大統領は議会を解散し、自分の党派が議会でも多数派になるようにした事例がありました(一九八一年と一九八八年のミッテラン大統領による解散)。このような場合、大統領を選んだ最新の民意を議会構成にも反映させるという点で、解散は民主主義の原理に適合すると考えられます。

議会の多数派が行政府の首長を指名する議院内閣制においては、内閣が解散権を持つことが普通です。議院内閣制において、内閣は議会に対して連帯責任を負うので、議会が内閣を信任しなければ総辞職をしなければなりません。内閣を信任しないという議会が民意を代表していないと内閣が考えれば、議会を解散して国民に内閣と、これを不信任した議会の多数派のどちらを支持するかを問うことができるというのが、解散権に関する一般的な理解です。この場合は、行政府と議会の間の食い違いを調整するという点に解散権の意義があります。

しかし、政党政治が発達し、政党の組織的規律が存在する今日、実際には議会の多数派が内閣不信任に賛成することはあまり起こりません。起こるとすれば、与党議員の多数が造反する、与党が分裂するといったケースです。現実の議会政治の慣行では、政府・与党にとって都合の良いタイミングで総選挙を行うために解散権が行使されることが常態です。こうした解散権の行使が民主政治にとってどのような意味を持つのか、あとで考察したいと思います。

解散権乱用の歴史――ナチス独裁と解散

行政権力が議会を解散することが、常に民主主義の原理に合致するとは限りません。行政権力の保持者が議会による抑制や追及を嫌って、議会を自分の都合の良いような構成に作り替えるために利用する点に、解散権の危険性があります。一九三〇年代のドイツでヒトラーが独裁体制を築いたときが、まさにそれでした。第一次世界大戦後にできたドイツのワイマール共和政は、大統領と議会を国民が選ぶ二元代表制を取っており、大統領は首相の任命権、議会の解散権という強い権限を持っていました。また、首相と閣僚はいずれも国会の信任を必要としていました（フランスの第五共和政と同じ）。世界大恐慌の衝撃を受け、ドイツの経済、社会の混乱が深まる中で、政情も不安定化しました。議会では政党が乱立し、安定的な政権が形成されませんでした。ナチス党は「決められない政治」の混乱に乗じて勢力を拡張しました。一九三二年一一月の総選挙で、ナチス党は三三・一％の得票で第一党の地位を守りました。その後首相の任命・組閣をめぐって混乱が続き、ヒンデンブルク大統領は一九三三年一月三〇日にヒトラーを首相に任命しました。このときナチス党は過半数を持っていなかったので、国家人民党という右派政党との連立政権を作りました。

首相に就任したヒトラーは、国家人民党の反対を押し切って、大統領に要請し議会を解散させました。そして、三月五日に投票日を設定しました。この選挙戦では大衆宣伝、突撃隊や親衛隊によるテロなど言論と暴力の両面の手段を使って運動を展開しました。選挙戦の最中、二月二七日、ベルリンの国会議事堂炎上事件が起こりました。ヒトラーはこれを共産党の陰謀と決めつけ、翌日、憲法が保障する基本的人権を停止する緊急大統領令を出させました。ドイツ国民は恐怖と憎悪の中で投票を行うことになり、ナチス党は四三・九％の得票率で躍進しました。この議席を基盤に連立政権を作り、ヒトラー独裁を可能にする授権法を制定しました。そこからドイツはホロコーストと戦争の道を転げ落ちていきました。

ヒトラー独裁の成立は、緊急事態条項など憲法に関わる重要な論点にとって教訓となります。解散権についても、この教訓に基づいて戦後ドイツでは行政権力保持者による恣意的な解散を防ぐ仕組みが導入されました。ドイツ基本法では、首相は議会を解散する権限を持っておらず、大統領が解散権を持っています。しかし、その発動は厳しく制約されています。大統領が解散できるのは、議会の首相指名選挙において、三回の投票を経ても過半数を得る首相候補が生まれない場合と、首相信任決議が議会で否決された場合だけです。

倒閣を目的とした内閣不信任案の乱発を防ぐ仕組みもあり、議会で過半数の議員が次の首相を指名したときにはじめて不信任案が可決されるという建設的不信任の制度があります。

もっとも、政権与党がどうしても総選挙を行いたい場合、与党に指示して故意に内閣信任決議を否決するという手段もあります。ただし、これは例外であり、戦後ドイツでは、一九七二年、八三年、二〇〇五年の三回しか解散の実例はありません。ドイツでは、ナチスの教訓を踏まえ、議会は任期（四年）を全うすることで安定的な民主政治を実現すべきだという大きな国民的合意が存在するということができます。

二　日本における解散権

戦前の帝国議会

明治憲法の下で、日本でも議会政治が始まりました。しかし、天皇大権の下で議会は天皇の統治を協賛する存在にとどまりました。帝国憲法第七条では、「天皇ハ帝国議会ヲ召集シ其ノ開会閉会停会及衆議院ノ解散ヲ命ス」と規定され、解散は天皇の大権でした。実際には、天皇は大臣の輔弼《ほひつ》によって権力を行使していたので、首相の要請に応じて解散を行う慣習が定着しました。

民意あるいは政党から超然とすると自称する藩閥勢力が行政権力を握り、議会に依拠する政党勢力と対決するという権力闘争の構図において、解散権は政党勢力を抑え込むための政治的武器とされました。この時代、解散によって議員の地位を失った政治家は「勅勘議員」、つまり天皇によって勘当された前議員と呼ばれていました。

しかし、政党勢力が伸長するにつれて、議会と行政府の関係は変化しました。一九二四年、超然主義を追求する清浦奎吾《けいご》内閣が衆議院を解散し、その後の総選挙で護憲三派（憲政会、政友会、革新倶楽部）が圧勝し、憲政会の加藤高明が首相に指名されました。これにより、日本でも総選挙で勝利した第一党から首相を出すという憲政の常道が確立しました。

明治憲法下では首相の任命は天皇の大権でした。第一党出身の首相が辞職し、第二党の党首が首相に任命された場合、新しい首相は議会の支持基盤を確保するために衆議院の解散を行ったことがあります。一九三二年の五・一五事件で犬養毅内閣が倒れた後、憲政の常道も崩壊しました。一九三七年三月、陸軍軍人の林銑十郎《せんじゅうろう》首相が解散を行った後の総選挙では、野党の民政党、政友会、社会大衆党が議席を伸ばし、林内閣は総辞職に追い込まれました。傲慢な行政権力に対し、国民に支えられた政党勢力が一矢を報いたという形です。しかし、その後の日本は翼賛政治と戦争への道を転げ落ちました。

日本国憲法と解散権をめぐる論争

第二次世界大戦での敗北を経て、日本国憲法が制定されました。そこでは、国民主権に基づく議院内閣制が明記されています。日本国憲法の解散に関する規定は次の二つの条文です。

第七条　天皇は、内閣の助言と承認により、国民のために、左の国事に関する行為を行ふ。

三　衆議院を解散すること。

第六九条　内閣は、衆議院で不信任の決議案を可決し、又は信任の決議案を否決したときは、十日以内に衆議院が解散されない限り、総辞職をしなければならない。

この二つの条文をどう解釈するかは、政治の世界においても、憲法学でも大きな争点でした。まず、解散をめぐる政治の動きを振り返っておきます。

戦後最初の解散は、一九四八年一二月に行われました。昭電疑獄で退陣した芦田均《あしだひとし》首相の後を受けた吉田茂首相が、議会における与党の劣勢を打開するために解散を行おうとしました。総選挙の時期をめぐっては与野党の対立があり、解散の根拠をめぐっても論争がありました。このときは、占領軍が仲介し、与野党が合意の下で内閣不信任案を可決したうえで衆議院を解散するという手順が取られました。これはなれ合い解散と呼ばれました。

二回目は、一九五二年八月吉田茂首相が行った解散でした。当時の与党自由党の中では、吉田派と鳩山一郎派が厳しく対立していました。吉田は、鳩山の機先を制するために解散を行ったので、抜き打ち解散と呼ばれています。このとき、早期解散総選挙を望んでいた社会党は、一回目の解散のときには解散は第六九条に基づき内閣不信任案が可決された場合に限るとしていた主張を覆し、首相による任意の解散を支持しました。これに対し、自由党は社会党と逆に、一回目の時の任意の解散支持を覆し、解散は第六九条に基づく場合に限られるべきと主張しました。解散権をめぐる憲法問題に関する政治家、政党の主張は、このときから極めて党派的、場当たり的であったと言えるでしょう。

なお、三回目以降は第七条に基づく任意の解散が定着しています。二回目の解散に対して、鳩山派の苫米地義三《とまべちぎぞう》議員が解散は無効だとして、衆議院議員の地位の確認と歳費の支払いを求めて裁判を起こしました。これに対して最高裁判所は、衆議院の解散という高度に政治的な問題については司法審査の対象とならないという統治行為論を採用して、苫米地の訴えを退けました。解散の是非については、民意が判断するしかないというのが司法の結論です。

では、解散権の行使を憲法学はどのように論じてきたのでしょうか。解散を第六九条の不信任案可決に基づく場合に限定すべきという六九条説と、第七条に基づき解散を認めるべきで、内閣不信任決議に基づく場合は解散の一つの事例にすぎないという七条説が対立しました。学会の通説は七条説です。その理由には、形式的なものと実質的なものがあると思われます。

形式的な理由は、憲法第七条の国事行為の規定に注目したものです。第七条では、内閣の助言と承認を得て天皇が行う国事行為が列挙されています。

一　憲法改正、法律、政令及び条約を公布すること。
二　国会を召集すること。
三　衆議院を解散すること。
四　国会議員の総選挙の施行を公示すること。
五　国務大臣及び法律の定めるその他の官吏の任免並びに全権委任状及び大使及び公使の信任状を認証すること。
六　大赦、特赦、減刑、刑の執行の免除及び復権を認証すること。
七　栄典を授与すること。（以下略）

このうち、一は国会あるいは国民投票によって決定された規範を公布する行為ですが、二以下は内閣が実質的に決定した事項を天皇の名の下に最終決定するという内容です。国会の召集や総選挙の時期、大臣等の人事は内閣が裁量を行使して決定します。解散が二以下に並置されているということは、内閣が人事案件等と同じように、解散についても裁量によって決定できることを含意していると解釈することができます。

実質的な理由は、国民主権や民主政治の中に解散を積極的に位置づけるという考え方です。国会と内閣の意思が対立する、あるいは前回の総選挙のときには存在しなかった重要な政策課題について内閣が命運をかけて決定をしなければならないといった事情が存在するときには、むしろ積極的に衆議院を解散し、主権者たる国民の選択、判断を仰ぐことこそ民主主義の理念にかなうという理屈です。

こうした理由から、憲法学では第七条に基づいて内閣は解散に関して広い裁量を持つことが認められています。そのような慣習は六〇年以上にわたって定着してきました。かくして、解散権は総理の専権事項と言われるようになりました。また、総理大臣は解散については嘘《うそ》をついてもよいという慣習も、永田町には存在します。

自民党政権下の解散

五五年体制、すなわち自民党の長期安定政権の下では、解散権はしばしば行使されました。この時代、野党第一党の社会党は衆議院で過半数を制するだけの候補者を擁立できなかったので、自民党は政権を失う心配なしに解散、総選挙を行うことができました。自民党の一党支配の下では、首相の交代は、選挙における民意の反映ではなく、自民党内の派閥による権力闘争の結果起こりました。このような経緯で権力を獲得した新しい首相は、自らの権力基盤を固める必要に迫られました。国民・世論との関係においては、党内権力闘争によって成立した政権が早期に解散総選挙を行い、勝利することによって、国民の信任を得たという正統性を確立できます。

また、自党の政治家や他派閥との関係においては、解散権はリーダーシップを強める機能を持ちました。現職の議員は、選挙はなるべく遅い方がよいと思うものです。選挙には金もかかるし、落選のリスクもあるからです。自民党総裁にして総理大臣を務めるリーダーは、解散権という武器をちらつかせることによって、与党の議員を恐れさせ、忠誠心を取り付けることができました。配下の政治家の面倒を見なければならない派閥の領袖に対しても、解散権は威嚇の機能を持ちました。

第一次安倍政権以前の自民党政権下の解散を分類してみると、次のような類型があったということができます。

①　党内権力闘争の結果生まれた政権が正統性を獲得する

一九五八年　岸内閣
一九六〇年　池田内閣
一九七二年　田中内閣
一九九〇年　海部《かいふ》内閣

②　極めて重要な政策課題に対して国民の支持を得て、長期政権の基盤を作る

一九六九年　佐藤内閣　沖縄返還　自民党圧勝
一九七九年　大平内閣　一般消費税導入　自民党大敗
一九八六年　中曽根内閣　衆参同日選挙　自民党大勝

③　スキャンダルなどで政権運営が行き詰まり、打開のために総選挙を行う
一九六六年　佐藤内閣　黒い霧解散
一九八三年　中曽根内閣　ロッキード事件一審で田中元首相が有罪判決を受けた

④　与党の分裂による政局の混乱
一九八〇年　大平内閣　自民党内の派閥抗争の結果内閣不信任案が可決された
一九九三年　宮沢内閣　自民党分裂によって内閣不信任案が可決された
二〇〇五年　小泉内閣　参議院自民党の一部が造反し郵政民営化法案が否決されたことを受け解散

解散を断行した首相は必ずしも多数の議席を得て正統性を獲得したわけではありません。七九年の大平内閣が典型ですが、七二年の田中内閣も空前の内閣支持を自民党の議席増に結び付けることはできませんでした。しかし、多くの場合、解散総選挙に成功した首相は長期安定政権を築きました。また、スキャンダルで追い込まれた場合でも、総選挙で過半数を確保することで、禊《みそぎ》（選挙で国民の支持を得ることで政治倫理上の問題を洗い流す）を果た

すことができ、政権が持続する事例もありました。

このような歴史の中で、日本政治においては「解散は首相の専権事項」というドグマが定着しました。ただし、これは憲法理論に照らせば、誤った認識です。解散権は首相ではなく、内閣に帰属します。解散について、閣議で合意が取り付けられない場合には、首相が解散を望んでも実行できないこともありました。一九七六年、ロッキード事件で田中元首相が逮捕・起訴された年、当時の三木武夫首相は疑惑解明に積極的だったため、田中派を中心とする党内の多数派の反発を受け、解散を行うことができませんでした。この年の末に行われた総選挙は、戦後唯一の任期満了によるものでした。また、一九九一年、選挙制度改革法案が自民党を含む各党の反対で廃案になったとき、当時の海部俊樹首相は「重大な決意」を持って臨むと発言したという話が永田町に流布しました。これは、解散権をちらつかせて、選挙制度改革に消極的な国会を牽制《けんせい》する発言だと受け止められました。この発言は自民党内の反発を招き、解散を断行できないだけでなく、海部は首相辞任に追い込まれました。首相といえども与党内に強固な基盤を持っていなければ解散はできないということが、自民党の歴史からわかります。

三　解散権をどう制約するか

第二次安倍政権の権力肥大と解散

一九九〇年代の選挙制度改革と政党助成金制度は、自民党の構造も大きく変えました。かつてのような派閥による権力闘争は影を潜め、党内での中央集権化が進みました。反主流派の凋落《ちょうらく》を決定づけたのは、二〇〇五年の小泉純一郎首相による解散と、「抵抗勢力」の追放でした。そして、第二次安倍政権の長期継続、安倍晋三首相への「権力の集中」は解散権行使なしにはあり得ません。

二〇一二年一二月の総選挙で、当時の民主党が自滅し、第二次安倍政権が誕生しました。同年九月の自民党総裁選挙で総裁に選ばれた安倍にとっては、実に幸運なタイミングで総選挙が行われたわけです。しかし、彼はその総裁選の地方党員投票ではライバルの石破茂に敗北していました。安倍は権力基盤を強化するために、前回の総選挙から二年しかたっていないタイミングで、大きな政策争点がないにもかかわらず、解散を断行しました。安倍首相は二〇一五年一〇月に予定されていた消費税率引き上げを延期したいのでその是非を国民に問うと言いましたが、それは解散を必要とする大義名分とは言えません。理由はともあれ、この総選挙は年末という時期に行われたこともあり、投票率が五二％と低下し、自民党は楽勝しました。これにより、安倍首相の党内基盤は強化されました。そして、集団的自衛権行使を正当化する憲法解釈の変更、さらに安全保障法制の制定に踏み出したのです。

二〇一七年九月、安倍首相は二回目の解散を実行しました。この解散も、憲法上疑義のあるものでした。二〇一七年七月の東京都議会選挙で自民党は大敗し、安倍政権の支持率は不支持率を大きく下回る状態となりました。森友学園、加計学園の疑惑をめぐる国民の批判は高まっていました。その直後の八月末から九月にかけて、北朝鮮はミサイル発射実験を行いました。政府はこれに対してＪアラート（全国瞬時警報システム）を発動しました。ＮＨＫもミサイル関連の特別番組を延々と放映しました。このようにして国民の間に恐怖と憎悪を広げる中で、九月二八日に安倍政権は解散を断行しました。自民党は国難を強調し、「この国を、守り抜く。」というスローガンを打ち出しました。これは、国会議事堂炎上事件を利用し、国民に恐怖と憎悪を広げる中で選挙に勝利した「ナチスの手口」に似た戦術です。また、この年の七月から野党が憲法第五三条に基づいて臨時国会の召集を求めたことを無視し、九月末に召集した臨時国会の冒頭で解散を行ったわけですから、この解散は憲法第五三条に反するものといわなければなりません。

選挙の直前に最大野党民進党が分裂したために、自民党は容易に大勝し、与党は改憲発議に必要な三分の二以上の議席を確保しました。安倍政権がこの議席に基づいて憲法改正を成就するならば、憲法改正はナチスの手口に学べといった二〇一三年の麻生太郎副総理の発言は具体化することになります。

これまでに説明したように、五五年体制下の自民党政権による解散には、一応大義名分が必要とされていました。しかし、第二次安倍政権による二回の解散は、そのような理屈は無視して、野党によるスキャンダル追及を封じるとか国際環境の緊張を利用するといった形で、もっぱら政権与党の利益のために行われたということができます。この点について、立憲デモクラシーの会は二〇一六年一二月一二日に次のような声明を出しています。

議会制民主主義における議会の役割は本来、特定の党派、特定の利害を超えた、国民全体に共通する中長期的利益を実現すること、ジャン－ジャック・ルソーのことばを借りるならば、「一般意思」を実現することにある。一般意思の追求など偽善的スローガンにすぎないとのシニカルな見方もあるかも知れない。しかし、政治から偽善を取り去れば、残るのはその場その場における特殊利益むき出しの権力闘争のみである。（中略）

数の力によって特定の党派、特定の見解を無理やりに実現しようとする現在の政府・与党の態度の背景には、与党によって有利な時機を選んで衆議院総選挙を施行する、長年にわたる政治慣行も控えている。この政治慣行は、その一つの帰結として、解散風を吹かせることで与党内部を引き締めるとともに、野党に脅しをかける力を政府に与えることにもなる。むき出しの権力闘争の手段である。（中略）

しばしば誤解されることがあるが、議院内閣制の下では必ず、行政権に自由な議会解散権があるわけではない。ドイツ基本法に典型的に見られるように、「議院内閣制の合理化」の一環として、憲法典によって解散権の行使を厳しく制約する国も多い。

（中略）

日本の議会政治がその本来の姿へ回帰するためには、長年にわたって疑われることのなかった解散権に関する慣行の是非も改めて検討の対象とする必要があろう。


この声明にあるように、今の日本では、政権与党による自由な解散権の行使に何らかの制約をかけることを検討する必要があります。

解散権制約の議論

実は、新憲法制定直後から、解散権の乱用を防ぐための議論は行われてきました。一九五二年六月、国会法第九九条（その後の改正で削除）に基づいて設置された両院法規委員会（国政上の問題に関して公正な立場から勧告を行う機関）は、「解散は内閣の専恣的判断によって行われてはならない。また、将来適当な機会があれば、解散制度に関する基本的な事項について、明文を置き、民主的な解散の制度を確立するとともに憲法上の疑義を一掃すべきである」とする勧告を出しました。そして、「衆議院が解散に関する決議を成立せしめた場合」に内閣が憲法第七条に基づいて解散を行うという慣例を樹立することが望ましいと述べました。

また、一九七八年七月、当時の衆議院議長、保利茂は、七条解散は認められるべきだが、それは「国会が混乱し、国政に重大な支障を与えるような場合に、立法府と行政府の関係を正常化するため」とか、「選挙後に新たな争点が生じ、それについて改めて民意を問う必要が起きたとき」など、客観的理由が存在する場合に限定されるべきという見解を発表しました。このようにかつての議会人の中には、党派的利害のための解散権の乱用が議会政治の権威を損なうことを憂慮する声があったのです。

すでに述べたとおり、日本において解散権が首相の専権事項と信じられてきたことには、憲法上の根拠はありません。君主制（日本で言えば明治憲法体制）の下での君主の大権たる解散権という観念が議会制民主主義の時代に温存されているにすぎません。

任期途中での解散ができないことの弊害を指摘する意見もあります。政権与党が分裂するなどして政権基盤が著しく脆弱《ぜいじゃく》になり、野党が政府提出の予算、法案をことごとく否決しながら、不信任案も提出しないという状態が起きれば、レームダックの政権が任期いっぱい続き、国政が大混乱するという指摘もあります。しかし、これは杞憂《きゆう》というべきです。このような混乱を引き起こすことについての批判は野党が受けなければなりません。野党の抵抗が理不尽だという批判が強まれば、レームダック政権の延命を続けることはできなくなります。与野党の協議で解散によって混乱の収拾を図るという決着に至ることは容易に予想できます。戦後最初の解散のように、内閣不信任案の可決について与野党で合意するという形です。

日本における議院内閣制の運用については、イギリスが有力なモデルでしたが、そのイギリスにおいても解散権の制約に関する新たな立法が行われたことに注目しなければなりません。

従来、イギリスでは首相が自由に解散を行ってきました。一九八二年のフォークランド戦争で勝利した直後にサッチャー内閣が解散を行い、総選挙で大勝した事例などは、解散権の党派的利用ということができます。二〇一〇年五月の総選挙で単独過半数を制する政党がなく、保守党が第三党の自由民主党と連立政権を作ったときに、下院任期を五年に固定する法案が政権合意に書き込まれました。そして、二〇一一年九月、議会任期固定法が成立しました。これにより、任期満了以前の解散は原則として禁止されました。ただし、下院の三分の二以上の賛成を以《もっ》て解散が承認された場合には任期満了前の解散、総選挙も可能とされました。三分の二は極めて高いハードルで、実際には保守党、労働党の二大政党が合意することが必要です。

この法律は、連立のパートナーとなった自由民主党の強い要求で実現しました。自由民主党は、保守党党首＝首相が党利党略で連立を解消し、解散に打って出ることを警戒していました。そして、この法律に基づいて、二〇一五年五月に任期満了に伴う総選挙が行われました。このときには、保守党が単独政権を回復しました。しかし、その後EU離脱(Brexit)の国民投票に伴い、キャメロン政権が崩壊し、そのあとを受けたメイ政権の下で、二〇一七年議会の承認に基づく解散が行われました。国民投票による政局の混乱を収拾し、政権基盤の強化を狙ったメイ首相の目論見《もくろみ》が外れた結果となりました。

こうした混乱は、議会任期固定法自体を見直すという議論にはつながっていないようです。最大野党労働党も、政権を保持していた二〇〇〇年代中ごろ、下院の承認がある場合にのみ解散できるという憲法慣習を確立すべきと主張していました。

これからどうするか

では、日本の憲法論議の中で解散権をどのように位置づけるべきでしょうか。憲法改正によって従来の自由な解散権行使に根拠を与えることには、弊害が大きいといわなければなりません。政権側が最も有利なタイミングで解散・総選挙を設定することに憲法上の正統性を与えることになるからです。

解散を制約するために憲法改正が必要かと問われれば、必ずしも必要ではないということができます。もちろん、衆議院の同意（例えば三分の二以上の賛成）がある場合内閣は衆議院を解散できるという条文を憲法に追加することで、解散権をめぐる論争に決着をつけることができます。しかし、イギリスの例を見ればわかるように、法律のレベルで、日本で言えば国会法の改正によって衆議院の解散の要件を規定するということも可能です。地方議会の場合、「地方公共団体の議会の解散に関する特例法」により、議員の四分の三の出席と五分の四以上の賛成によって自主的に解散できることになっています。要件となる数値をどうするか検討の必要がありますが、同様の趣旨を法律で規定することによって解散の必要な状況に適応できると思われます。衆議院の場合、解散が天皇の国事行為とされている以上、実質的には自主的解散であっても、形式的には内閣が解散を決定し、その助言と承認によって解散を行うということになるでしょうが。

重要なことは、これから起こりうる憲法改正論議の中で解散権の根拠や制約が議論される場合、解散権の恣意的な行使が政党間の公平な競争を妨げ、民主政治をゆがめていることを認識したうえで、解散権に対する効果的な歯止めを考えることです。自己目的的な憲法改正のための道具として解散権を論じることは避けるべきです。解散権の在り方を再検討することは、日本の民主政治を再構築することにつながるということができます。

参考文献

石田勇治・長谷部恭男『ナチスの「手口」と緊急事態条項』集英社新書、二〇一七年
梅川正美『イギリス政治の構造――伝統と変容』成文堂、一九九八年

小松浩「イギリス連立政権と解散権制限立法の成立」「立命館法学」二〇一二年一号
佐藤功『憲法解釈の諸問題』有斐閣、一九五三年
高見勝利『芦部憲法学を読む――統治機構論』有斐閣、二〇〇四年
高安健将『議院内閣制――変貌する英国モデル』中公新書、二〇一八年

第七章　憲法改正国民投票の問題点

杉田　敦

日本国憲法九六条では、憲法改正手続きをこう定めています。

「この憲法の改正は、各議院の総議員の三分の二以上の賛成で、国会が、これを発議し、国民に提案してその承認を経なければならない。この承認には、特別の国民投票又は国会の定める選挙の際行はれる投票において、その過半数の賛成を必要とする。」

この条文の個々の文言についてもさまざまな論点がありますが、それは後で見ることとして、大きな構えの問題からまず論じたいと思います。すなわち、改正原案をつくるのは国会で、国民はそれに対する賛否を問われるだけ、というシステムについてどう見るかです。

一　プレビシットとしての憲法改正国民投票

憲法改正は国にとってこれ以上重要なことはないほどの重大事なので、それについて主権者である国民が最終決定を下すことになっているのは当然ですが、問題はそのやり方です。

日本では、憲法改正をめぐる国民投票以外には、現在のところ国民投票の制度はありません。諸外国では、たとえばヨーロッパ連合への加盟やそれからの離脱のような、国の形そのものにかかわる事柄や、原子力発電の是非といった国論を二分しうる争点について、国民投票が行われています。日本でも、原子力発電所や廃棄物処理施設の立地などについて、自治体のレベルで住民投票は何度か行われてきましたし、「平成の大合併」のときのように、自治体の合併などをめぐっても住民投票がありました。しかし、国のレベルでは行われていません。

この点をふまえて、憲法改正国民投票を究極の民意の発露、民主主義の具現化として高く評価する議論があります。憲法改正論者の中には、憲法改正国民投票をひんぱんに行えば行うほど、主権者の意思を表明できるわけだから、より民主的な政治となるという形で、国民投票の存在を改憲論の根拠とする人もいます。安倍首相やその周辺からもそうした発言は飛び出しています。

レファレンダムとプレビシット

しかしながら、国民投票には大きく二つの異なる類型があるので、注意する必要があります。一つは「レファレンダム」と呼ばれるもので、これは、原発やEU加盟の是非など事柄の性質からして政治家に任せておけない問題や、政治家が政党政治の中で十分に扱えないような問題について、主権者たる国民自らが直接の投票によって決定することを指し、いわば「下からの国民投票」です。民主政治は古代ギリシャでそれが生まれて以来、人々が直接に参加するものでしたが、ヨーロッパ中世に生まれた身分制議会という制度とその後結合し、議会制民主主義となりました。そこでは、人々は代表を通じて自分たちの意思を表明します。しかし、代表制をとる議会制民主主義では十分に扱えないような問題については、国民が決定するしかないわけです。

これに対して、もう一つの国民投票のあり方が「プレビシット」であり、これは政治指導者が自らの統治の正統性を確立したり、その権力を強化するために、議会などの合議機関を外す形で国民に直接賛否を問いかけるもので、いわば「上からの国民投票」といえ、ナポレオン一世やその甥《おい》のナポレオン三世、ヒトラーらがひんぱんに行ったことで知られています。

実際には、ある国民投票がこのどちらにあたるのかは、常に見分けやすいわけではありません。しかし、たとえば日本の自治体レベルで行われた原発などの住民投票では、首長や議会が反対する中で、住民の側が住民投票を求め、運動の末にようやく行われた場合がほとんどで、これが「下からの」レファレンダムであることは明らかです。これに対し、「大阪都構想」などをめぐっては、首長が自らへの支持と結びつけつつ、徹頭徹尾主導する形で住民投票を実施しており、プレビシット的と言えます。このように、両者を区別することは可能です。

政治家主導の改憲手続き

こうした観点から憲法改正国民投票手続きを見ると、それを発議できるのは議会だけであり、国民の側からそれを要求する道は今のところ閉ざされています。国民の請願（憲法一六条）にもとづく国会での原案採択も、学説上は可能ですが、そうした手続きは定められていません。改憲案の内容も議会で決められ、審議過程で国民が関与することはできません。昨今、さまざまな「新九条案」など、思い思いに改憲案を語る人々もいますが、それが成案となるためには、両議院の三分の二以上の議員が賛成する必要があり、したがって、現状では自民党が賛成する案でなければなりません。「自民党案に対抗して対案を出すべきだ」という議論がありますが、自民党がこれまでの自分たちの考え方をなぜか改め、その対案を受け入れるという見通しがないのであれば、まったく意味がありません。

また、どのようなタイミングで発議するかも議会任せなのです。改憲をしたい政治家たちは、さまざまな計算を行い、自分たちにとって最も有利と思われるタイミングで発議することが可能なのです。こうした点からして、制度的に見て、憲法改正国民投票はプレビシット的なものであり、レファレンダムと比べて民主的なものではありません。

しかも、今の改憲の動きは、行政府の長である首相自らがハッパをかける形で進んでいます。憲法改正を発議するのは国会の役割で、内閣の役割ではありません。国会で何度も自らを「立法府の長」と呼んだ安倍首相は、議院内閣制の統治システムを理解しておらず、国会と内閣との役割分担がよくわかっていないようです。こうした政治家が主導する形で憲法改正国民投票が行われるとすれば、それは「上からの」プレビシット的な動員となる危険性があります。このように考えてくると、憲法改正国民投票が行われれば行われるほど民主的だなどとは言えないことがわかります。

二 国民投票法の問題点

次に具体的な国民投票のあり方について見ていきましょう。日本国憲法成立以来、長い間、具体的な投票の制度化そのものが行われていませんでした。これにつき、国会の「不作為」といった批判が改憲派からはありましたが、明文改正の予定がないので不要、というのが歴代政府の説明でした。その後、改憲の動きとリンクする形で、立法化の動きが強まり、二〇〇七年にいわゆる国民投票法（日本国憲法の改正手続に関する法律）が成立しました（二〇一四年に一部改正）。この法律の問題点も含めて、以下で論じます。

まず憲法九六条でいう各議院が衆参両院を指すことは当然として、その「総議員」とは何か。公職選挙法で定められている議員の定数なのか、それとも現職議員の数を指すのか。

この点について九六条は規定していないものの、本会議の定足数についての運用や、事柄の重大性からみて、定数を基準とすべきです。

次に国民投票のタイミングですが、九六条では国政選挙とは別の日に実施する「特別の国民投票」と、国政選挙と同じ日に実施する国民投票の両方を認めています。これにつき、国民投票法でもいずれかに限るとはされておらず、国会の裁量に委ねられています。これまで与野党で、選挙と同日は避けるべきだとの議論が強かったのですが、官房長官が同時実施は可能であると述べるなど、結局は政権・与党の胸三寸です。

国民投票法では、発議から六〇日以後一八〇日以内で実施しなければならないという条件がついていますが、そもそもこの期間が短すぎます。憲法のような重大事について、二か月後にいきなり国民投票ということで、国民の間で十分な議論ができるでしょうか。年単位で議論をする形に改めることを検討すべきです。

しかも、期日は発議の際に国会で決められます。したがって、参議院選挙の日程にぶつけることもできますし、国会の解散について「首相の専権事項」という誤った理解が浸透している現状では、その方が有利だと首相が判断すれば、国民投票の日に総選挙をぶつける形で解散することも可能だ、ということになっています。こうした点にも「プレビシット」的な性格はあらわれています。

仮に国民投票と選挙が同日実施などということになると、どうなるでしょう。後で述べるように、憲法改正国民投票については、広告などがかなり野放しの状態となっています。運動についても、公務員や教員への不当な制限はありますが、それ以外については規制はありません。これに対し、選挙については公職選挙法で運動のさまざまな制約があります。もしも国民投票運動と選挙運動が同時に進行した場合、さまざまな混乱が生じることが予想されます。特に憂慮されるのは、議会の三分の二を占める勢力が発議する（したがって政府・与党が賛成する）改憲案に反対する側が、あくまで改憲反対の運動をしていても、同じ人々が選挙運動をも行っていることをとらえて、選挙違反名目で弾圧される危険性があります。こうしたことを防ぐ方策を欠いている点が大きな問題です。

改正原案のつくり方

次に国民投票にかける原案の示し方ですが、国会の運営の仕方を定めた国会法六八条の三に「憲法改正原案の発議に当たつては、内容において関連する事項ごとに区分して行うものとする」となっており、関係ない項目を一括して投票にかけることは許されません。「内容において関連する事項」をどう解釈するかの問題はありますが、たとえば九条と緊急事態条項などをまとめて問うことができないのは当然です。

それでは九条改憲の関連では、どうなるのでしょうか。安倍首相らは、国民の心理的な負担を弱めるためか、自衛隊の存在をただ書き込むだけで、現状は何ら変えないような提案をするとしています。しかし、元・内閣法制局長官の阪田雅裕氏は、安保法制によって集団的自衛権の行使が容認されてしまっている現状では、現行の憲法九条の一項と二項のあとに、次のような一連の項目の追加を国民に問わなければならないとしています。

三　前項の規定は、自衛のための必要最小限度の実力組織の保持を妨げるものではない。

四　前項の実力組織は、国が武力による攻撃をうけたときに、これを排除するために必要な最小限度のものに限り、武力行使をすることができる。

五　前項の規定にかかわらず、第三項の実力組織は、わが国と密接な関係にある他国に対する武力攻撃が発生し、これによりわが国の存立が脅かされる明白な危険がある場合には、その事態の速やかな終結を図るために必要な最小限度の武力行使をすることができる。

いくつかの問題があります。第一に、苦労して通した安保法制の廃止につながりかねないような国民投票を、安倍首相らの改憲勢力がわざわざ国民に問うとは考えられません。しかし、右の四項や五項を提案しないとすれば、三項で言うところの「自衛」が何を意味するのか、集団的自衛権等にどう対応するのかが不明となります。

第二に、仮にこれらが「内容において関連する事項」であると発議する側が強弁して、一括して国民投票にかけ、否決された場合には、「自衛のための必要最小限度の実力組織」も持てないことになり、自衛隊はその存在を否定されるでしょう。

第三に、これらを一つ一つ投票にかけ、たとえば五項だけが通って三項、四項が否決された場合、意味不明な憲法になってしまいます。このように、原案発議には非常に複雑な問題があるのです。

ゆるすぎる広告規制と厳しすぎる運動規制

次に広告や運動のあり方について見ましょう。第一に、広告についてです。国会で発議がされた後、改憲案の内容を国民に広報するための国民投票広報協議会というものが国会に設置され、衆参の議員が協議して、公式の放送や広告をすることになっています。その際、改憲案に賛成、反対の政党に放送時間や新聞の広告枠等を割り当て、公平を期すことにはなっています。そもそも、国民への広報活動を第三者機関でなく政治家が行うことには疑問があります。

しかも、これ以外に民間メディアを利用した広告合戦が行われることが予想されますが、これについては規制がほとんどありません。政党などのテレビCMは投票日の二週間前に打ち切られますが、それ以後も一般的な意見広告という形なら可能です。こうした制度では、結局のところ、資金力に勝る勢力がテレビのゴールデンタイムに無数のスポット広告を打つなど、圧倒的に有利に運動を展開することができます。

ちなみに、ヨーロッパ諸国では国民投票について、テレビスポット広告の禁止（イギリス、フランス、イタリア等）の規制をしており、日本の制度は過度に「自由競争」的、すなわち経済的な「強者」に有利な制度となっています。

もう一つの大問題は、公務員や教員が行う運動への行きすぎた規制です。選管職員や裁判官、検察官、警察官等に対する規制はやむをえないかもしれません。しかし、国民投票法一〇〇条の二が、公務員について「国民投票運動（憲法改正案に対し賛成又は反対の投票をし又はしないよう勧誘する行為をいう）及び憲法改正に関する意見の表明をすることができる」としつつ、「ただし、政治的行為禁止規定により禁止されている他の政治的行為を伴う場合は、この限りでない」としています。ここでいう「他の政治的行為」に何が含まれるのかは、判例上もあいまいです。さらに同法の一〇三条一項では、公務員が「その地位にあるために特に国民投票運動を効果的に行い得る影響力又は便益を利用して、国民投票運動をすることができない」としており、この規定も含めて、恣意的な弾圧の危険性が開かれています。首相や大臣などがその地位を利用して運動することを抑制できるのであれば、意味がありますが。

教員については、生徒・学生への影響力が大きいことをふまえて、同法一〇三条の二項で、学校教員がその地位を利用して国民投票運動を行うことを禁止していますが、この場合にも、地位を利用するという条件の意味があいまいであり、恣意的な運用がなされる危険性があります。もちろん、判断力の未熟な生徒を教員が自らの信条に従って誘導するようなことは不適切ですが、授業中の説明が少し護憲論の方が長かったなどと文句をつけられ、問題にされるようなことがあってはなりません。

最低投票率について

最後に、最低投票率についてです。現行制度では、どんなに投票率が低くても国民投票は成立します。そして、有効投票の過半数で賛否が決せられるので、主権者たる国民のごく一部の意見で憲法改正という重大な事柄についての結論が出てしまうわけです。この点を問題にし、最低投票率の導入を求める議論に対しては、最低投票率を設けると棄権運動が起きかねないので不適切だという反論がよくなされます。国民投票法の法案審議の際には、一部の野党からもそうした意見が出されました。しかし、棄権運動の何が悪いのかわかりません。権力を国民が縛るために憲法をつくるという立憲主義に照らせば、憲法改正は政治指導者の意志でなく主権者である国民の意志によって行われるものです。したがって、もしも国民投票に行く人々が少数であるほど国民の関心がないのであれば、憲法改正が不要であることは明白です。憲法改正を必要とするなら、国民の多くにせめて投票所に足を運んでもらえるだけの説得力ある案を出すべきです。

ただ、憲法九六条に最低投票率についての規定がないのに、そうした重要な事項について、法律で決められるかどうかは別の問題で、それは今後の課題となります。

三　まとめ

憲法改正は、どうしても必要なときには行われるべきですが、必要もないのに行われてはなりません。また、国民投票は、改憲原案が十分に周知され、それについての国民的な熟議が進んだ段階で行われるべきです。しかるに、これまでに見たように、現在の憲法改正手続きは、政治家が主導する「プレビシット」的なものとなりやすい構造的な問題点を抱えていますし、首相自らが「前のめり」の状況が、憲法問題を適切に議論できる状況かどうか、立憲主義の観点から大いに疑問です。また、現行の国民投票法も、国民が熟議を行うための環境を十分に整えるものとは言えません。こうした現状をそのままにして、拙速に憲法改正手続きを進めれば、正統性に深刻な疑問を残すことになるでしょう。

参考文献

高見勝利『憲法改正とは何だろうか』岩波新書、二〇一七年

南部義典『図解　超早わかり国民投票法入門』C&R研究所、二〇一七年

本間龍『メディアに操作される憲法改正国民投票』岩波ブックレット九七二号、二〇一七年

阪田雅裕「憲法九条改正の論点」「世界」二〇一八年一月号

第八章　「真ノ立憲」と「名義ノ立憲」

石川健治

ロスレル氏カ「ビスマルク」氏ノ政略主義ヲ采《と》テ我国ノ憲法トナサントノ意見ハ畢竟《ひっきょう》東洋ノ立憲ハ名義ノ立憲ニシテ未《いま》タ真ノ立憲ヲ行フノ度ニ達セズトノ度外ノ推測ニ由《よ》ルニ過キザルノミ
（井上 毅《こわし》「憲法逐条意見（第二）」）

○「政略主義」と立憲主義

明治憲法の起草に際して、日本側で主導的な役割を果たした法制官僚・井上毅は、お雇い外国人として力を尽くしたドイツ人の「ロスレル（Roesler）」ことヘルマン・ロエスレル（レースラー）に対して、あなたの議論は「政略主義」であって立憲主義ではない、と批判しました。それは、「名義ノ立憲」すなわち外見的立憲主義であって、「真ノ立憲」ではない、というのです。この文脈において、たしかに近代日本は、「真ノ立憲」をめざしていたのでした。日本人には立憲主義的な憲法などつくれまい、という、かなり広く流布していたと思われる偏見を、親身になってくれるロエスレルのなかにすら発見して、井上は義憤を禁じ得ないでいますね。

これは、後に明治憲法七一条（「帝国議会ニ於イテ予算ヲ議定セス又ハ予算成立ニ至ラサルトキハ政府ハ前年度ノ予算ヲ施行スヘシ」）に結実する、条文の審議のプロセスにおける有名な挿話です。ロエスレルは、政府と議会が衝突して予算が通らない状況において、天皇の勅裁で強行突破できる規定を置こうとしていました。プロイセン・ドイツに範をとり、極東に雄飛しようとしている大日本帝国のために、ロエスレルは、「ビスマルク」式に、政府を憲法から自由にするための規定を置こうと配慮したのでした。

「鉄血宰相」オットー・ビスマルクは、依然として健在であり、当時は新生ドイツ帝国の宰相として、軍拡路線を突っ走っていました。ドイツをプロイセン中心に統一し、欧州に覇を唱えるという大義のために、時に彼は手段を選びませんでした。憲法がその妨げになるのであれば、それを蔑《ないがし》ろにすることも辞さなかった。これが、いうところの「政略主義」です。

さしずめ、それは、北東アジアにおける安全保障環境の激変を理由に、憲法九条改正の妨げになる九六条の改正手続き要件を緩和しようとしたり、内閣法制局長官を（容認派の）外務官僚にすげ替えてまで、確立した憲法解釈を変更して（従来決して認められなかった）集団的自衛権の行使容認に踏み切ったり、憲法学者の違憲説を黙らせるためだけに、憲法九条の二を新設して自衛隊を明記しようとしたりする、現在の政権の態度を評するのに的確な言だといえるでしょう。

しかし、井上毅によれば、「政略主義」の憲法は、憲法の名に値しない。「文明国」たる大日本帝国の憲法は、「真ノ立憲」でなければならない。そういって、井上は、ロエスレルの忠言を押し切って、立憲主義の筋を通しました。将来の政府に、憲法の足かせを、はめようとしたのです。日本国憲法を毛嫌いする人にこそ、明治憲法と教育勅語を起草した、この「美しい国」の法制官僚の気概を、学んでもらいたいものだと思います。

一　財政統制と軍事力

一・一　プロイセン憲法闘争（憲法争議）の教訓

議会による軍事力の統制

ロエスレルや井上が念頭においていたのは、一八六二年から一八六六年までの、いわゆるプロイセン憲法闘争（憲法争議）の教訓でした。

プロイセン国王ヴィルヘルム一世が軍制改革ならびに軍拡予算を提案したところ、衆議院でリベラル派が優勢だったプロイセンの議会はこれを拒否しました。国王は衆議院を解散しましたが、選挙ではリベラル派が大勝し、再選挙後の議会は、当初予算から軍拡の支出項目を削除したのです。これを見た国王によって宰相に起用されたのが、オットー・フォン・ビスマルク侯爵でした。早速彼が、衆議院予算委員会の場において、「現下の大問題は言論や多数決ではなく、鉄と血によってのみ解決される」と演説したことは有名です（鉄血演説）。

プロイセンの統治システムはいわゆる超然内閣制で、議会に対する政治責任の観念がなく、不信任決議によって内閣を総辞職させることはできませんでした。かといって、議会が予算を通してくれる見通しは、全くたちません。プロイセン憲法九九条は、「すべての歳出歳入は毎年あらかじめ計算され、国家予算として作成されなければならない。予算は年度ごとに法律によって確定される」と定めており、予算は法律形式で毎年確定されることになっていました（予算法律）。そこでやむなくビスマルクは、予算法律による裏付けのないまま、軍備再編を強行したのでした。

こうした事態は、翌年も翌々年もそのまた翌年も繰り返されましたが、一八六六年にドイツの覇権をめぐる普墺戦争が勃発、ケーニヒグレーツでの電撃的な勝利を承《う》けて、同日に行われた選挙ではリベラル派が大敗しました。ここに至って、ビスマルクは議会との「手打ち」を行い、九月には免責法が成立、一八六二年以来の予算なしに執行された措置は、遡ってすべて予算法律に基づいたものとみなされることになりました。

このプロイセン憲法闘争は、何はさておき、議会による軍事力統制の事案である、ということに留意する必要があります。軍隊にはつねに財政的な裏付けが必要であり、財政面での統制こそがあらゆる軍事力統制の基盤です。憲法における財政規定は、その国における立憲主義の強度をはかる試金石である、といっても過言ではありません。

ここで問題とされたプロイセン憲法は、一八四八年の三月革命でいったんは国王が逃げ惑う事態になったものの、巻き返して反革命に成功した結果制定された「反動的な」憲法で、一般には明治憲法のモデルとされているものです。しかし、そうした革命の動きに影響されて、思ったよりもリベラルな側面もあり、予算については、「法律」形式での議決を、明示的に要求していたのでした。リベラル派が衆議院の多数を占めるプロイセン議会は、この憲法規定の強度を梃子《てこ》に、軍拡路線の政府に対する「コントラ・ロール」(対抗的役割、コントロールの原義)たり得たのです。

政治的解決と法的解決

そうした議会の軍事力コントロールに対抗して、ビスマルクが打った手は、いわゆる「憲法の欠缺《けんけつ》」論です。プロイセン憲法九九条は、予算は会計年度ごとの「予算法律」によって確定すると定めていましたが、予算法律が成立しないという事態を想定しておりません。ビスマルクは、「議会と政府の不一致による予算法律の不成立」という、当然予測される事態について憲法が規定をしなかったのは、憲法に最初から穴が空いているのだと理解しました。

そして、本来は絶対君主（君主主権）であるはずのプロイセン国王は、もちろん憲法に書いてあることについては、約束なので立憲君主として憲法に縛られるが、書いてないことについては、本来の姿に戻って絶対君主としてふるまってよいのだ、と主張しました。この理屈によれば、議会と政府が一致しないときには、本則に戻って、君主が絶対者として自ら裁決すればよいだけ、ということになります。議会の批判に対しては一貫して超然的な姿勢を保つ一方、せっかく憲法の用意した議会によるコントロールも、こうして易々《やすやす》とすり抜けてしまうわけです。

集団的自衛権の行使を明示的に禁ずる憲法規定がないことを理由に、「書いてないから、やっていいだろう」という理屈は、第二次安倍政権になってからよく聴かれましたが、その理屈の原型はここにあります。いまだ「真ノ立憲」にはなっておらず、立憲主義の衣のなかに絶対主義の鎧《よろい》が見え隠れしている状態を「外見的立憲主義」と呼びますが、そうした「名義の立憲」にとどまっているからこそ、出てくる理屈です。「真ノ立憲」であれば、仮に明示的に違憲とはいえない（「書いていない」）場合であったとしても、立憲主義の精神に照らして問題があれば、「非立憲」だと考えて踏みとどまらなければならないのです。

もちろん、議会との手打ちが成立して、この「憲法の欠缺」を正式に免責法によって埋めることができれば、なお結構だというのでしょう。憲法闘争は、これで法的にも、決着を見ることになりました。ところが、ここに、「そもそも手打ちは不要だった」と説く若い学者が現れて、注目を集めました。やがてドイツにおける実証主義公法学の帝王的な存在になるパウル・ラーバントが、一八七〇年、プロイセンの法律専門誌上に発表した『予算法論』がそれです。彼は、形式的意味での法律という概念と実質的意味での法律という概念とを巧みに使い分け、憲法が予算に対して要求する「法律」が、果たして実質的な意味で「法律」といえるかどうかを、問題にします。

ラーバントによれば、法律とは、要件・効果の命題形式で書かれる法規則であり、本来、個人や国家の権利領域と関わり合いをもつものでなければなりません。ところが、予算は、財政上の便宜のためにつくられた見積もり表に過ぎないから、数字ばかりで法規則の体をなしておらず、それ自体としては個人や国家を法的に義務づけるものでもない、と彼はいいます。だとすれば、元々「法律」形式で議決される必要のあるものではなく、議決されなくても特に問題はないことになります（予算行政説）。

たしかに、「議会と政府の不一致で予算が通らない」事態を想定していなかったのは「憲法典の欠缺」かもしれませんが、「形式的意味での法律」と「実質的意味での法律」を区別する、という概念操作によって、ごく簡単に「憲法典の欠缺」を埋めることができます。免責法による事後の手当も必要ありません。ラーバントは、「憲法典に欠缺はあり得ても、憲法に欠缺はあり得ない」と豪語します。一見、条文が規定していないような出来事に対しても、緻密な概念操作と論理構成によって、どんな場合にも法的な解決が可能だというわけです。そして、憲法の用意した、議会による軍事力統制のメカニズムを、言葉の力だけで、見事に転覆してしまったのです。

「形式的意味での法律」（「議会により制定された」という形式に着目する）に比べて、そうした「形式的意味での法律」内部において、何らかの標識によって実質的な意味での「法律」と非「法律」を区別する定義は、結局、議会の権限を本来の規定よりも狭くしてしまいます。単に概念を巧みに操っているだけのように見えて、ラーバントが、本来憲法に定められたよりも議会の権限を弱め、その守備範囲を狭くする、という権力問題に奉仕していることは明らかでしょう。ともあれ、「形式的意味」「実質的意味」の使い分けに見られる手際の良さは、その後の憲法学者を魅了し、現在でも、「国会は、国権の最高機関であつて、国の唯一の立法機関である」と定める日本国憲法四一条における「立法」の解釈において、用いられています。

一・二　明治憲法と財政条項

教訓はどう生かされたか

明治憲法の起草に際してロエスレルは、プロイセン憲法闘争の轍《てつ》を踏まないために、あらかじめ次のような規定を置こうとしました。「予算確定ニ関シ協議整ハサルトキハ内閣ノ責任ヲ以《もつ》テ天皇之ヲ裁決ス」。ビスマルク方式の解決ですが、これから憲法を書こうというロエスレルは、前もって「憲法ないし憲法典の欠缺」を埋めておこうとしたのです。

ロエスレルは、社会で激化する階級対立が、民選議会を通じて直接政府に持ち込まれざるを得ない議院内閣制を批判し、超越的な君主がトップダウンで行う社会政策により、階級対立を緩和しようとする構想をもっていました。「臣民ノ幸福ヲ増進スル為ニ必要ナル」立法を、（法律ではなく）天皇の独立命令の形式で発せしめようという明治憲法九条に、その一端が現れています。そうした彼が、ビスマルク式で行こうとしたのは、当然のことであったでしょう。ロエスレルのアイディアは、伊藤博文の夏島別荘で起草された「夏島草案」段階でも生き残っており、「若《も》シ両院共ニ予算ヲ議決セス又ハ予算ニ関シ協議整ハサルトキハ勅裁ヲ経内閣ノ責任ヲ以テ之ヲ施行ス」という規定になっていました。

これに対して、猛然と反発したのが、如上の井上毅です。彼も彼なりに、プロイセン憲法闘争の教訓を、活《い》かそうとしていました。たとえば皇室の経費や、既存の法律によって支出が要請される分については、必ずしも予算の議決を要しないと考えていました。しかし、それ以外については、前年度予算執行主義の腹案をもっていました。議会と政府が一致しない場合には見切り発車されてしまう、という点では議会の権限を制約していますが、政府が少なくとも「前年度の」議会によっては拘束される、という意味では、井上なりの立憲主義の発露であったわけです。

ビスマルクの「政略主義」をあらかじめ憲法にビルト・インしておこうというロエスレルに対して、それでは「真ノ立憲」ではなくなってしまうと説いた井上毅の意見が通って、明治憲法七一条は次のような規定を置いています。

帝国議会ニ於イテ予算ヲ議定セス又ハ予算成立ニ至ラサルトキハ政府ハ前年度ノ予算ヲ施行スヘシ

こうした議論の積み重ねによって成立した「第六章　会計」は、プロイセン憲法のように予算を「法律」形式で議決することまで求めることを、もはやしませんでした。しかし、その際に「帝国議会ノ協賛」が必要であることは明示的に定められ（六四条）、一定の民主的なコントロールが確保されています。

もっとも、そうしたコントロールは、限界付きです。天皇大権や法律によって既定のものになっている支出や、皇室の経費については、井上の腹案に沿って、「帝国議会ノ協賛」

を要しないものとされており、議会によるコントロールから外されています（六六条、六七条）。さらに注目に値するのは、財政緊急事態を定める七〇条で、「公共ノ安全ヲ保持スル為緊急ノ需用アル場合ニ於テ内外ノ情形ニ因《よ》リ政府ハ帝国議会ヲ召集スルコト能《あた》ハサル」緊急事態にあっては、勅令により「財政上必要ノ処分」を行うことができることになりました（ただし、次の会期に、帝国議会の承諾を得る必要があることになっています）。

軍と財政

そうした文脈のもとに、明治憲法は、軍に関する次のような規定を置きました。

一一条　天皇ハ陸海軍ヲ統帥ス
一二条　天皇ハ陸海軍ノ編制及常備兵額ヲ定ム
一三条　天皇ハ戦ヲ宣シ和ヲ講シ及諸般ノ条約ヲ締結ス
一四条　天皇ハ戒厳ヲ宣告ス　②戒厳ノ要件及効力ハ法律ヲ以テ之ヲ定ム

一一条にいう統帥とは、軍の策戦用兵のこと。一二条をみると、天皇が、いわば、チーム戦力を整備するGMと試合の現場で指揮を執る監督との、二役を兼ねた格好になっていることがわかります。条約締結権とならんで、開戦（と終戦）の決定権も、天皇が握ります。戒厳は、軍の存在を前提にした緊急事態条項で、そのイニシアティヴも天皇が握っているということです。緊急事態の解消までは、国民の権利は制限され、行政権や司法権も軍部の指揮下におかれます。これらだけをみると、天皇の専制政治のように見えますが、そうではありません。すべての国家作用が天皇を経由しているというだけで、重要なのは天皇を実際に補佐するシステムがどうなっているか、です。

財政面の裏付けなしには軍備拡張は不可能ですので、一二条の守備範囲すなわち軍の編制に関しては「帝国議会ノ協賛」が不可欠でした。戦間期において国際連盟の常任理事国であった日本が、世界の平和主義のリーダーとして軍縮条約を結ぶ場合にも、実質的には「軍ノ編制」に関わりますので、「帝国議会ノ協賛」がそれを支えました。天皇の条約締結権については、もっぱら外務大臣による輔弼《ほひつ》を予定していましたが（五五条）、当時は衆議院の第一党の党首が首相として組閣する（「憲政の常道」）、大正デモクラシーの時代だったからです。

そうした「軍政」の領域とは異なり、実際の指揮命令を議会が行うことは不可能ですので、これは専門家に任せることになります（「軍令」）。専門領域に固有の、法則（条理）が発生するところに、専門領域の専門領域たるゆえんがあるのですが、この場合も、軍事合理性によってのみ動く専門領域としての統帥事項が、次第に議会による民主的なコントロールから独立した領域になってゆきます。そこで、憲法上明文の根拠はないのですが、統帥権については軍部（陸軍参謀本部・海軍軍令部）が直接天皇を輔弼する、という「運用」が確立します。「統帥権の独立」と呼ばれる慣行です。

それが策戦用兵という技術的な問題にとどまる限り、問題は少なかったのです。しかし、プロ野球において、GMの持ち場であるチーム編成に対して現場の監督が口を出そうとするのと同じように、やがて軍部は軍の編制についても影響力を行使しようとし始めます。「軍令」が、「軍政」とは異なる固有の論理で動き始めて、一致が成立しなくなりますと、両者を調整できるのが天皇（とそれを事実上支える「元老」）だけという、明治憲法の全体システムとしての脆弱《ぜいじゃく》さがあらわになります。

とりわけ立憲民政党の浜口雄幸《おさち》内閣が、国際連盟・平和主義のリーダーとして、海軍軍縮条約を締結してきたことに対して、野党・立憲政友会の犬養毅と鳩山一郎が率先して、海軍軍令部の反対を無視した条約締結は「統帥権の干犯である」と批判しました。浜口・民政党内閣が立ち往生すれば、「憲政の常道」により政友会に政権が転がり込むだろう、という「党利党略」による攻撃でした。この党利党略に軍部がつけこむ格好になり、後には犬養自身が首相として五・一五事件で暗殺されて、政党政治そのものの息の根が止められてしまうことになったのは、日本の議会人にとって消すことのできない「前科」になっています。明治憲法下における軍のシビリアン・コントロールを、議会人自らが破壊したのです。

一九四五年八月の敗戦に向かって、坂を転げ落ちてゆくその後の歴史について一々述べることはいたしませんが、膨らむ一方の「常備兵額」や戦費をどこから調達したのかについては、一言しておく必要があるでしょう。いうまでもなく、それを税金だけで賄うことはできません。この点で、画期的だったのは、満洲事変の翌年にあたる一九三二年に、高橋是清蔵相が新たに考案した「日銀引受国債発行制度」です。日本財政史上初といってよい赤字国債の大量発行に踏み切るに際して、従来のように国債を市中に売却して民間資金を吸収するのではなく、政府がまず国債を日銀に引き受けさせたのです。

しかし、赤字国債の発行によるインフレ効果によって景気を回復してゆく、いわゆる高橋財政は、その後行き詰まりを迎え、高橋は、出口戦略として、赤字国債の漸減と、財政膨張の原因であった軍事費の削減を言明するようになります。彼が、二・二六事件で暗殺対象になったのは、そのためです。その結果、敗戦までずるずると借金が積み重なる一方、激しいインフレが引き起こされます。中国と戦っていたはずが、いつしかアメリカとの戦争になり、一五年の長期にわたって財政状況は悪化します。統治システムの調停者としての天皇が、ポツダム宣言の受諾を主体的に決定したことで、この動きはようやく止まったのでした。

出口戦略は荒療治そのもので、「新円切替え」という実質的な大規模課税政策が採用され、国民や企業の保有する旧円はすべて紙くずになりました。さらに、一九四九年二月に来日したデトロイト銀行頭取ジョゼフ・ドッジの指導に基づき、吉田内閣が実施した一連の経済財政政策（いわゆるドッジ・ライン）によって、どうにかインフレは収束するに至りました。金詰まりによる中小企業の倒産や合理化による失業者の増大、社会不安の激化などを伴いながらも、日本経済は再建の途につくことになります。

以上のように、統帥権条項を基盤として「軍事憲法」とも呼ぶべき独立領域が増殖し、財政的コントロールをも失った結果、明治国家の「政治憲法」全体が内側から食い破られてしまったのでした。作家・司馬遼太郎は、これを「異胎」「鬼胎」と呼び、それが一九三〇年代の日本を「別国」に変えてしまったことを明らかにするために、『この国のかたち』と題する有名なエッセイを書きました。この「別国」を「美しい国」と呼び、「憲法はこの国のかたち、理想の姿を示すものだ」と語る首相によって、統帥権条項が現代に復活させられようとしていることについては、後に述べましょう。

一・三　日本国憲法と財政条項

民主的コントロール

それでは、戦後の日本国憲法において、プロイセン憲法闘争の教訓はどのように生かされたでしょうか。

まず憲法八三条が、「国の財政を処理する権限は、国会の議決に基いて、これを行使しなければならない」と規定して、財政の民主的コントロールを徹底しました。かつて民主的コントロールの限界をなしていた「皇室財産」についても、憲法八八条は、「すべて皇室財産は、国に属する。すべて皇室の費用は、予算に計上して国会の議決を経なければならない」と定めています。また、国の収入に関わる「租税」については、八四条が「法律」形式での議決を要求しました（ただし、正確には、「法律」形式に限定されたのではなく、議決形式は「法律又は法律の定める条件」という形で若干緩和されています）。

けれども、国の収入は、税金だけでなく、国債などの「借金」によっても、支えられています。この「借金」（債務負担行為）について、憲法八五条は、国費の「支出」の決定ともども、「国会の議決に基くことを必要とする」と述べるのみで、租税のように「法律」形式での議決を要求しておりません。また、プロイセン憲法闘争の主戦場となった軍拡予算に関連して、憲法八六条は「内閣は、毎会計年度の予算を作成し、国会に提出して、その審議を受け議決を経なければならない」と規定するにとどまり、租税と同様の「法律」形式での議決を要求していないことにご注意ください。

つまり、プロイセン憲法が予算の議決に際して「法律」形式を明示的に要求したのに対して、日本国憲法はそれを緩和しようとしているのです。さらに、ともかくも「議決」を要求した予算とは異なり、決算については、会計検査院による検査があることを前提に、国会の「議決」すら要求しておりません（九〇条、ただし解釈上は、決算についても何らかの「議決」は必要だ、と一般に解されています）。これら日本国憲法の弱点について、解釈によって議会のコントロールを強化する試みがありますが、ここでは立ち入りません。

さらに、ビスマルクが「憲法の欠缺」を問題にした、「議会と政府の不一致」のケースについて、日本国憲法に規定は置かれておりません。明治憲法とは異なり、日本国憲法には「欠缺」があるのです。それを埋めるのが、財政法三〇条です。

内閣は、必要に応じて、一会計年度のうちの一定期間に係る暫定予算を作成し、これを国会に提出することができる。

② 暫定予算は、当該年度の予算が成立したときは、失効するものとし、暫定予算に基く支出又はこれに基く債務の負担があるときは、これを当該年度の予算に基いてなしたものとみなす。

いわゆる暫定予算の制度ですが、これが、あの井上毅が頑張った「前年度予算執行主義」のなれの果て、ということになります。しかし、暫定予算すら成立しなかった場合については手当てがなく、財政法にもやはり「欠缺」が残されています。

他方で、日本国憲法には、それまでとは異なる特有の工夫も存在しています。注目すべきは八九条です。八三条に定められた財政の民主的コントロールに対して、八九条が歯止めをかけようとしていることにご注目ください。そこにおいて、「これを支出し、又はその利用に供してはならない」といわれているのは、国会です。財政支出の決定権が、政府だけではなく、国会からも奪われているのです。

公金その他の公の財産は、宗教上の組織若しくは団体の使用、便益若しくは維持のため、又は公の支配に属しない慈善、教育若しくは博愛の事業に対し、これを支出し、又はその利用に供してはならない。

性質の異なる内容を、一本の条文にまとめているため、非常に読みにくいのですが、八九条で財政支出がそもそも禁止されている事項は、以下の二つです。第一は、「宗教上の組織若しくは団体の使用、便益若しくは維持」。第二は、「公の支配に属しない慈善、教育若しくは博愛の事業」。

第一の禁止事項は、憲法二〇条が定める政教分離を財政面から支えるために、宗教団体への公金の支出を禁止しているもので、少々窮屈ですが理由はわかります（最高裁判所は、目的効果基準と呼ばれる基準を用いて、この縛りを緩和する可能性を探ってきました）。他方で、第二の禁止事項については、規定の趣旨がわかりにくく、また、私立学校助成の妨げになるため、一九五〇年代の第一期改憲論議においては、真っ先に改正されるべき条文だとされていました。

しかし、財政に詳しい憲法学者小嶋和司によれば、「慈善・教育・博愛の事業の場合には、その目的の公共性の故に、『包括供与』がなされやすい。アメリカにおいては、それがなされて私的団体や議員の利権行為となったが、そのような統制離脱行為を防止するところに本規定の目的が存し」ています（『憲法概説』良書普及会、一九八七年、五一四頁）。政治腐敗の温床になることが必定だから、議員さんたちには財政支出を決定させない、ということです。つまり、八九条の背景にあるのは、財政民主主義と呼ばれる、八三条のシステムの「限界」に対する深い洞察なのです。

すべての財政決定を国会に委ねてしまえば、国会議員は自分の選挙区民に利益を誘導するために支出項目を増やそうと努力するので、赤字財政体質に陥らざるを得ません。それが、八三条に示された民主的財政のシステムが抱える、本質的な欠陥です。そこで、財政民主主義を野放しにはせず、あらかじめ憲法によって歯止めをしておこうというのが、立憲的な財政システムの思想です。これが、まことに不充分ながら、日本国憲法には組み込まれているわけです。その着想には、瞠目《どうもく》すべきものがあります。

他方で、支出を禁ずる八九条とは反対に、支出項目を予算から削除するのを禁じているという意味で、もう一つの立憲的財政システムの系統をなしているのが、「健康で文化的な最低限度の生活を営む権利」を保障する二五条一項や、「義務教育は、これを無償とする」と定める二六条二項です。

もちろん、額面通りには実現するわけもなく、これらの規定があるおかげで、ただちに世界に冠たる福祉大国・教育大国になった、という話は寡聞にして知りません。そういう性急な議論が無意味であるのは、「九条を掲げれば、敵は帰ってゆくのか？」という類の九条批判論が、無意味であるのと全く同じです。二五条一項や二六条二項は、八〇年代以降、新自由主義の時代においては、正統性を剝奪されて不遇でした。その時代は、おおむね私の学者人生と重なっているのですが、たとえば「二五条一項がなければ、日本国憲法も体系的にすっきりしていて良かったのに」という気分が、たとえ気分でしかないにしてもその時代に存在していたことは、否定できないでしょう。こういう問題は、憲法によって縛るのではなく、民主的政治過程を通じて、熟議する市民の力量によって政策的に解決してゆかなくてはならないものだからです。あれ、最近もどこかで聴いたような、お話ですね。

けれども、時代が一巡して、新自由主義による社会の分断や格差が叫ばれるなか、社会保障を、経済成長の桎梏《しっこく》として捉えるのではなく、長期的に社会発展を促す、「人」への投資として捉え直すことにより、あらためて二五条・二六条に正統性を付与する時代が間近に迫っている可能性もあります。このあたりは、将来の課題としておきましょう。

軍と財政

そして、この文脈において、読み直すことを要するのが、次の条文です。

日本国民は、正義と秩序を基調とする国際平和を誠実に希求し、国権の発動たる戦争と、武力による威嚇又は武力の行使は、国際紛争を解決する手段としては、永久にこれを放棄する。

② 前項の目的を達するため、陸海空軍その他の戦力は、これを保持しない。国の交戦権は、これを認めない。

いわずとしれた現行の憲法九条ですが、とりわけ二項が「戦力（war potential）」という、財政システムを背景としてしか成立しない論点を主題化している点に、ご注目ください。戦前の日本は、身の丈にあわない軍拡予算を組んで、日清・日露戦争を勝ち抜き、その後も膨大な軍事支出を続けた、世界に冠たる軍拡国家でした。これを踏まえて九条二項を読めば、その意義の大きさはご理解いただけると思います。戦後日本の奇跡の経済復興を支えたのは、九条によって支えられた健全財政であることは、ひとのよく知るところです。九条二項には、まずもって軍に対する財政支出を禁止する、立憲的財政の観点が含まれているのです。八九条が財政支出を禁ずる、禁止事項の三項目に入っていても、全くおかしくない問題です。第一項目が、政治的権力と宗教的権力の分離、第二項目が、政治的権力と経済的権力の分離、そして、第三項目は、政治的権力と軍事的権力の分離に関わる、という意味で、見事な一貫性が見出《みいだ》されます。

あわせて読むべきなのは、財政法が定める、以下の二つの条文です。

四条　国の歳出は、公債又は借入金以外の歳入を以て、その財源としなければならない。但し、公共事業費、出資金及び貸付金の財源については、国会の議決を経た金額の範囲内で、公債を発行し又は借入金をなすことができる。
② 前項但書の規定により公債を発行し又は借入金をなす場合においては、その償還の計画を国会に提出しなければならない。
③ 第一項に規定する公共事業費の範囲については、毎会計年度、国会の議決を経なければならない。

五条　すべて、公債の発行については、日本銀行にこれを引き受けさせ、又、借入金の借入については、日本銀行からこれを借り入れてはならない。但し、特別の事由がある場合において、国会の議決を経た金額の範囲内では、この限りでない。

建設国債を除き、借金財政を禁ずる財政法四条。「特別の事由」がなければ、日銀の国債引受を禁ずる財政法五条。いずれも戦前の轍を踏まないように定められた条文であること、とりわけ九条との連関を意識しておかれた条文であることは、もうよくおわかりでしょう。そして、現在、すべての縛りが緩められつつあります。財政法四条が禁止する赤字国債は、一九七五年以降ほぼ毎年特例法を制定することで発行され続け、借金体質はすでに戦争末期の域にまで到達しています。他方、アベノミクスの根幹を支える黒田東彦《はるひこ》日銀総裁は、国債の大量買入れにより、国債の日銀引受けという禁じ手に実質的に手を染めています。そして、最後に手をつけたのが九条二項というわけです。歴史は、見事に巻き戻されつつある、ということです。

二　民主化と立憲化の相剋《そうこく》

国家学（国家機能論）としての財政学

こうした財政論議は、憲法解釈とは無縁ではなく、むしろその基礎をなしているものです。そもそも、日本に「名義ノ立憲」でない「憲法」というものができる前に、まず近代的な「国家」や「憲法」とはどういうものなのか、を勉強する必要がありましたので、東京大学では、明治憲法が制定されてはじめて設置された「憲法」講座よりも前の段階から、そもそも「国家とはなにか、憲法とはなにか」、について研究する「国法学」という講座が先行して存在していました。まさに日本の国家制度を立ち上げるための基本的な概念を「国法学」講座が供給していたのです。

この講座の教壇に立っていたのが、これもお雇い外国人のカール・ラートゲンというドイツ人でした。そして、この方は、現在の学問のコンパートメントからいえば、財政学者だったのです。当時のインテリたちは、財政学者から「国家」や「憲法」について教わって、明治憲法体制の立ち上げを行っているのですね。財政学は、国家学の基礎的な部分をなしていましたから、それは全然おかしなことではありませんでした。

現在でも財政学者の諸富徹教授は、「国家機能論としての財政学」ということをおっしゃいます(『財政と現代の経済社会』放送大学教育振興会、二〇一五年)。かつて尾高朝雄という法哲学者は、「国家構造論」と「国家機能論」からなる国家学の構想をもっており、前者については『国家構造論』(岩波書店、一九三六年)として上梓《じょうし》されましたが、後者の「国家機能論」については未完に終わりました。その意味で、「国家機能論としての財政学」というコンセプトについては、特別な感慨があります。財政面から国家や憲法を見る、という視角は、大変重要だと思います。

われわれが税金を払う理由

平和主義は、無政府主義と本質において同一である、という説が戦間期のヨーロッパにはありました。政府なしでも秩序が成立するという前提と、極端な平和主義は近親関係にある、といいたいのでしょうが、粗雑な議論といわざるを得ません。少なくとも日本国憲法の平和主義は、国家の存立を前提にしているのに対して、無政府主義は、「国家は必要悪だ」という考え方すらも否定する考え方であり、これでは国家に税金を払う理由がなくなってしまいます。

いま「税金を払う理由」と申しましたが、そうした財政面から国家が必要である理由を説明する古典的な理論が、財政学における「公共財」理論です。国家は何のためにあるのかは、ギリシャ・ローマの古典古代以来、国家目的論として議論されてきました。その標準的な解答が、日本国憲法にも現れている観念を用いていえば、「公共の福祉」ですが、それを財政面に投影し、国家の資源配分機能に限定してごくあっさりと論じているのが、公共財理論だということもできるでしょう。

市場で取引される財は、それを購入すると、他者を排除して独占的に消費できる一方（排除可能性）、他の消費者の利用量が減ってしまう（競合性）のが、普通です。ところが、たとえば誰かが地域の治安維持を商売にしようとすると、その便益に対して対価を支払った人だけではなく、対価を支払わない人も治安の良さを享受できてしまうので、ただ乗り

（フリーライド）する人が続出してしまいます。その場合、フリーライダーを排除するのは、不可能であるか、きわめて高い費用が必要です（非排除性）。そして、すべての人がただ乗りしようとすると、治安の維持は商売として成り立たなくなります。他方で、治安の良さは、誰かが対価を支払って購入すると、対価を支払わない人の分の消費量が減少する関係にはなく、治安の良さを聞いてその地域に転入する人が増加したとしても、すべての人が同時に等量消費できるのが特徴です（非競合性）。

そうした、非排除性または非競合性を特徴とする財を公共財といいますが、公共財については、消費者にとって「ただ乗り」をするのが最適の選択であり、市場に任せておくと、どうしてもその供給が過少になってしまいます。そうした「市場の失敗」を理由に、国家の存在理由を説明するのが、公共財理論です。非排除性と非競合性の両方を備えた典型的な公共財を「純粋公共財」、いずれかの片方を備えた公共財を「準公共財」といいます。価格理論による経済学的な説明は、経済学や財政学の本をご覧ください。

「安全」の供給に関わる防衛・警察・消防・公衆衛生が、純粋公共財であることに疑いはありません。そのほか、「知識」にも純粋公共財としての性質があることが指摘されて、大学や国立研究所を通じた知識の供給や、知的財産権を保護する制度によるフリーライダーの阻止、の必要性が議論されます。他方、交通・有料公園（プール）・図書館・映画・有料放送などは準公共財とされ、特に非排除性のないタイプの準公共財については、民営化による効率性の観点をどの程度重視すべきかが、しばしば論題となります。

これらのうち、とりわけ純粋公共財としての防衛・警察が、無政府主義を退ける理由になってきました。必要最小限度の秩序の維持のみを国家に期待して、「必要悪としての国家」といわれるのは、この部分を指しています。極端な考え方を採らない限り、平和主義はこれを承認しています。憲法九条のもとでも、国家には「安全」を供給する義務があるのです。国家存立の正統性は、こうした財政面において基礎づけられており、そのために、国民は納税を義務づけられているわけです。

「政略主義」への必然的傾斜

財政システム、とりわけ本稿で問題にしている予算編成は、限られた財源を、市場メカニズムによらずに配分するプロセスです。持続的な経済成長のもとで、順調な税収確保が見込まれた高度成長期には、大蔵省主計局を舞台とする積み上げ型の予算編成に導かれて、憲法八三条の民主的財政システムが有効に機能しました。けれども、すでに述べたように、八三条のシステムには本質的な欠陥があり、収支の均衡が失われるのは、宿命だといってもよいのです。とりわけ安定成長ないし低成長時代に入って、税収の確保が難しくなり収入不足が慢性化し、ついに赤字国債による借金体質が定着しました。そこで九〇年代には、財政再建が叫ばれる一方で、限られた資源の選択的かつ集中的な投入を求めて、「政治主導」の掛け声のもと、首相のリーダーシップの確立が求められることになります。

そうしたなか、保守合同の五五年体制以来の、強固な与党ブロック（自公連立）の成立を背景に、議院内閣制が、国会（＝コントラ・ロール）による民主的コントロール・システムとしての実質を、再び失います。その反面で、五五年体制下において代替的な「コントラ・ロール」を果たしていた存在が、政治改革・行政改革を通じ、「抵抗勢力」として各個撃破されます。そして、小選挙区制のもとで実際よりも増幅された「民意」による支持を背景にした、首相主導・官邸主導の意思決定システムが形成されてゆきます。

その頂点におかれたのが、いわゆる橋本行革の成果としての「経済財政諮問会議」です。

首相が議長を務め、関係閣僚と民間議員で構成されるもので、とりわけ小泉内閣期に威力を発揮し、「骨太の方針」によって「抵抗勢力」を退け、官邸主導の予算編成を実現しました。また、中国の経済特区の成功にヒントを得た各種の「特区」制度では、トップダウンの決定により規制を緩和し、既得権の岩盤に穴をあけることも可能になりました。環太平洋パートナーシップ協定（TPP）の成立を視野に、第二次安倍内閣のもとで新設された、「国家戦略特区」もその一つです。

これらは、低成長下の財政システムの改革動向としては、おそらく正しいものを含んでいるのでしょう。しかし、そのことが、「ビスマルク」式の「政略主義」を——絶対君主主義（君主主権）を絶対民主主義（国民主権）に入れ替えただけで——成立させてしまった蓋然性があります。そして、そうした権力基盤を背景に、今度は「名義ノ立憲」の立場から、憲法改正論議が仕掛けられている。そのことの危うさを、ここでは指摘しておきたいのです。

ビスマルクは、対外的には、秘密外交と同盟政策で知られました。他方、対内的には、持てる者と持たざる者の双方からの支持を調達し、両者の調停者的立場を利した専制的支配を行って、フランス第二帝政のボナパルティズムにたとえられました。単純な図式化は危険ですが、そうしたビスマルクの「政略主義」との類比は、安倍政権下の統治構造について、いろいろなことを考えさせます。

そして、「真ノ立憲」を掲げる「立憲デモクラシーの会」から、現政権の新しい「政略主義」に対する批判が向けられるのは、ほとんど必然的な流れだったといえるでしょう。君主主義者であり教育勅語起草者でもある井上毅の「立憲主義」と、絶対的な君主によるトップダウンの社会政策に期待したH・ロエスレルの「政略主義」との対立に比べて、ちょうど攻守処を変える形にはなりますが、民主政の下でも「立憲主義」を堅持する必要性を説く「立憲デモクラシーの会」の主張が、強い「民意」の支持を背景にトップダウン型の経済政策で鳴る安倍首相の改憲論にみられる「名義（ノミ）ノ立憲」を批判しているのです。

民主化か立憲化か

「安全」という、それ自体は正当な目的が、あらゆる政策手段を、正統化するわけではありません。目的を実現するには、手段を選ばなければならない、というのが、法治主義や立憲主義の基本思想です。立憲主義は、何よりも自由主義であり、あらゆる権力にコントラ・ロールをおこうとするのも、「自由」を確保するのが目的です。たとえば「安全」という目的が実現されなければならないとしても、同時に「自由」に対しても配慮するならば、政策手段は、できるだけ「自由」に対する影響の少ない、必要最小限度のものを選ばなくてはなりません。

つまり、目的先行の「政略主義」に対して、「自由」に可能な限りの配慮を求めるのが立憲主義だということです。どれだけ「目的」が正しくても、「手段」が行き過ぎていれば、そのことだけを理由に違憲・違法の評価が下される、という発想――それが「真ノ立憲」なのです。この発想が、民主党政権時代も含めて「政治主導」「民主化」の掛け声のもとで希薄になり、とりわけ第二次安倍政権の六年間において、蒸発してしまったのではないか、という気がします。

元々「立憲デモクラシーの会」が批判しようとしたのは、九条改正論そのものではなく、コントラ・ロールとしての内閣法制局長官を、「お友達」の外交官にすげ替えてまで政府の憲法解釈を変更しようとする政権の姿勢についてでした。それに先立つ「96条の会」も、九条改正という本丸ではなく、憲法改正手続きを定める九六条を攻撃対象としたことを批判しました。どちらも、「民意」の支持をよいことに、「目的」のために「手段」を選ばない政権や官邸の体質が、際立つ事案でした。これに対して、九条護憲派も九条改憲派も同じ戦列に並んで、第二次安倍政権に目立つ「手段」の行き過ぎや「手続き」の軽視の問題性を、批判したのです。

本稿もまた、「安全」という目的のために「戦力」以外の手段を用いるよう、政府に命ずる九条二項を、「真ノ立憲」と「名義ノ立憲」という対立軸に投影される限りにおいて論じているつもりです。北東アジアの安全保障環境が激変したという事実認識から、すべての手段を正統化しようとする論調は、端的に「政略主義」であり、「真ノ立憲」の反対物です。これに対して、九条二項は、「目的」が正当でも――「自由」を確保するという見地から――「手段」を選ぶように政府に命ずる、という「真ノ立憲」の論理構造を忠実になぞっています。九条二項を敵視する主張の多くは、意識するとしないとにかかわらず、この「論理構造」そのものを破壊しようとする、きわめて粗暴な主張になっています。

これまで述べたように、議院内閣制を通じた民主的コントロールは、もはや立憲的コントロールの体をなしていません。それにもかかわらず、戦後七〇年もの間、軍事力はほぼ完璧にコントロールされてきています。そこには、何らかの立憲的コントロールのメカニズムが、議院内閣制とは別系統で、働いているはずなのです。それを明らかにしようという姿勢が、九条改憲の是非を論ずるためには、まず何よりも必要です。

三　九条のメカニズム

法学的平和主義

九条は、平和主義と安全保障の文脈でのみ取り上げられることが多かったのですが、その分、ごく普通の立憲主義の平面で捉えることが行われてきませんでした。「善」としての平和について、その成立可能性を追究する倫理的な平和主義は、偉大な思想的営みですが、特定の「善」に国家がコミットしてしまうと、あらゆる「善」・あらゆる「信仰」・あらゆる「世界観」に対して中立な国家を要請する立憲主義とは、衝突する可能性がありま す。最大限度の倫理に対するコミットメントを、国家が国民に強要するわけにはゆかない のです。とりわけ、日本国憲法は、国家（政治的権力）と教会（宗教的権力）を分離する政教分離制を、明示的に選択していますので（二〇条、八九条）、倫理的な平和主義との二律背反が際立ってしまいます。

他方で、「平和」を国家目的として掲げながら、そのための手段として戦争を辞さない、安倍首相のいわゆる積極的平和主義をはじめ、単に政治的な目的・手段の観点からのみ平和主義を語る仕方を、政治的平和主義と呼ぶといたしますと、これは端的な政治論であって、憲法論には馴染《なじ》みません。極東の平和という大目的のために正義の戦争を行っている、というのが、戦前の帝国日本における有力なプロパガンダだったのですから、政治的平和主義は九条論にふさわしくありません。

それだけに、法学的平和主義ともいうべき、立憲主義の平面に投影された限りでの平和主義の議論が、さしあたり憲法学者にとっての守備範囲だと思います。そこでは、倫理や政治ではなく、立憲主義を支えるメカニズムとして九条がどのように機能しているかが、主たる関心対象です。戦後日本の軍事力統制は、七〇年にわたる、見事な成功の歴史でした。成功したからには、それを成り立たせる有効なメカニズムがあったに違いありません。軍事力の統制は、あくまで権力分立・権力統制の主要問題であり、最終的には国民の自由がどうやってまもられてきたのか、という最低ラインの問題が重要になります。

「非武装平和」を掲げる倫理的平和主義の理念に比べて、ずいぶんと志の低い議論にみえるかもしれませんが、政治社会を非軍事化したことの意義、公共空間と私生活の境界線が確保されて、「個人の尊重」原理や「生命・自由・幸福追求権」（一三条）がまもられてきたことの意義を、もっと真面目に考えるべきだと思います。国家による対外的「安全」の供給は、国際関係における相手のある話ですので、九条だけでどうにかなる問題ではありませんが、国内における「自由」の保障は、国内法としての憲法で決まる問題であって、その一翼をなす条項としての九条は、完璧に機能してきたということがあるはずなのです。

統治機構論の重層性

統治機構について憲法学の観点から考える場合、大きく分けて三つの層から成り立っています。表層部分には「法的な権限があるか」という議論がありますが、その表層を一皮めくると、「その権限を行使する正統性がそこにあるか」という二層目に突き当たり、そしてその下にはさらに、「権限を裏付ける財政上の根拠はあるか」という三層目にたどり着く。権力は、これら三層構造によって統制されているのです。

たとえば権力統制の典型としての権力分立制は、立法権・行政権・司法権といった、付与された権限の分立であるだけでなく、それを支える正統性の分立です。付与された権限は、それを行使してもしなくてもよいので、行使する資格や理由——つまり、それらが正統性です——がないと担当者が感じれば、不行使に傾きます。他方で、権限の具体的な行使は財源の有無に規定されますので、特定の機関に権限や正統性が集中するのを排除しようとする権力分立制の企図は、財政面での分立がなくては、画餅に帰してしまいます。内閣が予算を編成し、国会がそれを議決するという役割分担が、議院内閣制を下支えしています。三権を付与された国会・内閣・裁判所のうち、財政決定権を国会が握っていることが、議会中心の統治機構の構造をつくっていますし、大蔵省（財務省）主計局の権力が話題になるのも、そこが予算編成の実務的な中心をなしているからです。

同様に、現状において軍事力の実効的なコントロールを成り立たせているメカニズムのなかで、九条はどのように働いているのでしょうか。

まず、戦前のシステムからおさらいしますと、特に旧憲法一一条（「天皇ハ陸海軍ヲ統帥ス」）と一二条（「天皇ハ陸海軍ノ編制及常備兵額ヲ定ム」）が重要です。この点、「天皇は、この憲法の定める国事に関する行為のみを行ひ、国政に関する権能を有しない」と定める新憲法四条により、天皇の手から統帥権と軍編制権が奪われたのですが、これらの権限は、九条の存在のゆえに日本の国家作用から系統的に削除され、どの国家機関にも再び配分されることがありませんでした（権限の消極的配分）。実態としても、すでに日本軍は武装解除されていましたが、新憲法から統帥権条項が消滅したのは、やはり大きかったというべきです。

現在話題になっている九条二項についていえば、それは「戦力」すなわち「軍ノ編制」に関する条文ですから、まずもって（消極的な）権限配分規定として、戦前なら帝国議会が実権を握っていた軍の編制権を、国会から奪ったという第一層目の側面から叙述されるべきでしょう。けれども、それにもかかわらず、国会が自衛隊法を制定してしまい、しかも内閣法制局が、九条二項の例外領域を正統化する「自衛力」という新手の理屈を持ち込んできたため、この表層部分においては、九条二項が事実上突破されている、という現実があります。それにもかかわらず、軍事力は見事にコントロールされてきている。それは、次の二層・三層が健在であり、議院内閣制による民主的コントロールとは別系統の、立憲的コントロールとして機能しているからでしょう。軍隊が、憲法外の存在として増殖している、と現状を評価する向きもありましょうが、それは間違っていると思います。

正統性の付与・剝奪による統制

先にも述べましたように、権限は、それを行使する理由がないと、行使されるには至りません。ですから、法的な権限論には必ず正統性論がつきものなのです。わかりやすい例としては、憲法八一条が裁判所に付与した違憲審査権が挙げられます。

最高裁判所は、一切の法律、命令、規則又は処分が憲法に適合するかしないかを決定する権限を有する終審裁判所である。

このように、少なくとも最高裁判所には、国会のつくった法律を違憲無効にする強大な権限が与えられているはずなのですが、しかし、実際にはそれをなかなか行使できないでいる。おのずから消極主義に陥ってしまう。それはなぜでしょうか。自分たちにはその権限を行使する資格がないと、裁判所は考えてしまうからです。国民によって直接選ばれていない裁判官が、「全国民を代表する」国会の制定した法律を覆せるのか、その理由がなかなか見つからないのです。

そこで、憲法学説は、「精神的自由は民主的政治過程の前提条件であり、それが傷つくと民主的政治過程が動かなくなってしまうから、精神的自由を制約する立法については違憲審査権を積極的に行使する理由があるのだ」などと主張して、正統性を裁判所に付与する努力を行ってきました。逆に、経済的自由については、「民主的政治過程が機能している」はずであることを理由にして、違憲審査権を行使する正統性を裁判所から剝奪する議論を、憲法学は展開してきました。たとえば、アベノミクスを批判する本に影響されて、「アベノミクスはケシカラン」と裁判官が思ったとしても、違憲判決を出す資格が彼らにはないのではないか、ということですね。アベノミクスを修正するかどうかは、やはり立法過程に委ねられるべきだからです。ここがいわゆる正統性、レジティマシーの論点です。

このように、どんな権限であっても、行使・不行使の双方の可能性が与えられているため、それを行使する正統性を権限の外側から調達してこなくては、なかなか動きません。自衛隊法に基づく法律上の権限についても、また同様です。ここにおいて、自衛隊違憲論の存在が、一定の役割を果たしています。

すなわち、九条二項自体やその正統性論としての平和主義論を根拠に、国会にはそもそも自衛隊を組織する権限がなかったのではないか、自衛隊法上の権限もこれを行使する理由がないのではないか、という形で、自衛隊の組織としての存立への問い直しが不断に継続され、それによって、自衛隊の権限の行使がコントロールされてきた、という側面があるはずなのです。そして、自衛隊違憲論による正統性剝奪の作業が、統治システムのなかで、ささやかながらも、一定の現実的な意味をもっていたことは、今回の安倍首相による自衛隊明記論の提案が、はからずも証明してくれました。自衛隊違憲論なんて、ネグレクトされても仕方がないはずなのに、九六条を動かして憲法改正をしてまで除去すべきプレゼンスが、そこにはあるとおっしゃっていただいたのですから。別に思い上がるつもりはないのですが、憲法学説も、「自由」のメカニズムにおいて、一定の役割は果たしていたということなのかもしれません。

なお、この際、正統性が剝奪されているのは、組織としての自衛隊やその具体的権限なのであって、個々の自衛官ではありません。個人としての自衛官は、職業上の差別は決してなされてはなりませんし（一四条）、あくまで「尊厳」ある「個人」として尊重されるべきで、「物」の如《ごと》く扱われてはなりません（一三条）。内閣総理大臣の統帥権によって、彼の「道具」として、あるいは彼の「物」として扱われないよう、自衛隊員の「尊厳」をまもっているのは、むしろ九条なのです。

その意味で、今般自民党から提示された素案（たたき台）において、九条の二第一項が「前条の規定は、我が国の平和と独立を守り、国及び国民の安全を保つために必要な自衛の措置をとることを妨げず、そのための実力組織として、法律の定めるところにより、内閣の首長たる内閣総理大臣を最高の指揮監督者とする自衛隊を保持する」とされているのをみたときは、衝撃でした。「最高の指揮監督者」としての「内閣総理大臣」。権限の側面から、責任の所在を明らかにして、シビリアン・コントロールに資するためだとはされていますが、これは、端的にいって統帥権条項の復活です。これにより、自衛隊員の人間として・個人としての「尊厳」が剝奪され、「最高の指揮監督者」によって、自衛官が「道具」として・「物」として扱われる可能性が、復活してしまう。そのことが正統性論としてもつ意義を、軽視してはならないと思います。

第三層の重要性

しかし、やはり土台をなすのは、これまで述べてきた財政メカニズムです。「戦力」不保持を定める九条二項があるために、そもそも軍隊に財源をつけるということができなかった。その後、内閣法制局によって、九条二項の例外領域を正統化する「自衛力」という新手の理屈が持ち込まれることになりましたが、あくまでそれは例外としての正統化であって、大蔵省や現在の財務省にとって、軍拡予算にはブレーキがかかります。

もちろん現実には、どんどん軍備は増強されてきましたけれども、しかし東アジアの軍拡競争に巻き込まれないですんだのは大きかった。その象徴となったのは、いわゆるGN

P一%という枠組みでした。一九七六年に三木内閣が閣議決定した、この一%という数字自体には、なんの倫理的な意味もありませんが、井上毅の「前年度予算執行主義」とよく似た意味で、ある種の立憲主義的統制にはなっていた。枠組みそのものは、一〇年後の中曽根内閣により撤廃されましたが、その後もおおむね守られており、北東アジアの軍拡競争に参加することはありませんでした。戦前の軍拡予算を想起すれば、日本の経済規模の大きさからみて、破格に小さな軍事力ではあるのです。

自衛隊明記論それ自体については、別稿に委ねますが、九条の二によって自衛隊という既存の実力組織が憲法上明記されることで、以上の第二層と第三層は吹き飛んでしまいます。これまで「自由」を支えてきた立憲的コントロールのメカニズムが、一挙になくなってしまうのです。「現状を維持するだけで、何も変わりませんよ」というレトリックには、くれぐれもだまされないようにしていただきたいと思います。

四　憲法への意志

そうした憲法的メカニズムは、放っておいても働く、ということはありません。統治機構の内部で、対抗する力と力が現実に拮抗《きっこう》していて、はじめて抑制と均衡のシステムが成り立ちます。他面で、上から支配する力と下から拮抗する力の均衡点が、「自由」の境界線をなしています。上から支配する力が存在する一方で、「自由」を支える憲法的メカニズムが七〇年間現実に機能している以上、戦後西ドイツの憲法学説の言い方をかりれば、「憲法への意志」ともいうべき下からの原動力が、この社会のどこかに存在しているはずなのです。

前述の法哲学者・尾高朝雄は、戦時中に——したがって、一定の留保を要する歴史的文脈においてではありますが、現在でも正しい内容を含む主張として——こう書いています。「目的の共同性によつて存立する国家は、生命ある実在共同体である。この実在共同体の道徳面に滲《にじ》み出《い》でるエトスと、その政治面に湧き溢《あふ》れるパトスとを、法のロゴスによつて組織化したものが、すなはち国家である」（『実定法秩序論』岩波書店、一九四二年、四四二頁）。

そこにいう、「道徳面に滲み出でるエトス」と「政治面に湧き溢れるパトス」とが、「憲法への意志」を支えているのです。「憲法のロゴス」を担当する憲法学が、エトスやパトスをいかに取り扱うべきかは、もちろん簡単ではなく、しばしば剣呑《けんのん》な問題ですが、しかし、決して度外視することはできません。

このうち、パトスについて言えば、「自分たちのつくった憲法」というナショナリズムのパトス（「国民の物語」）を調達しにくい日本国憲法が、それにもかかわらず強力に支持されてきたのは何故か。その最大の理由が、九条とその物語的構成にあることは、否定のしようがないように思われます。ある機会に、俳優の加藤剛さんが、筆者の眼《め》をしっかりとみつめながら、「九条は、あの戦争で命を喪《うしな》われた方々の、夢の形見だと思うんです」と印象的に述べられたことをよく覚えています。その「九条の物語」のたたずまいには、歴史の真実のみがもつ説得力が感じられました。そうした国民感情の支えをもたない新九条論に、代替的なコントロール・システムとして機能し得る前提条件があるのかどうか、本稿筆者は疑っています。

その一方で、一時の「感情」「情念」に流されることのない、思想の強度を支えるエトスの側面も、決定的に重要です。これについては、「憲法というものの知的レヴェルを前にして軽々にはアプローチできないという現実、つまり文化を創り出すこと」の重要性を説く、ローマ法学者・木庭顕《こばあきら》の言を引用しておきましょう（蟻川恒正・木庭顕・樋口陽一「憲法の土壌を培養する」「法律時報」九〇巻五号、日本評論社、二〇一八年五月、八二頁）。――「鼻持ちならないエリーティズムであるという声が今にも聞こえそうですが、犠牲にされて見捨てられる『最後の一人』のために連帯しうるのはこれしかなく、内容のない迎合的な微笑《ほほえ》みなど何の役に立ちません。政治、デモクラシー、占有、人権といった装置なしに『最後の一人』を救うことなどできませんが、これらの装置はいずれも高度な知的営為と想像力の研ぎ澄ましを蓄積して初めて成り立つものです。」

軍事力の統制という、立憲主義にとって最も困難な課題に関わろうとする以上、そうしたパトスとエトスの双面を考慮に入れたロゴスであることが、九条改憲論議には求められます。そのためにこそ、九条を「装置」の側面から語る本稿の議論も生かしていただきたいと、念願してやみません。

あとがき

戦後を代表する政治学者、丸山眞男は、講和後の再軍備の是非が論じられている時期に、「再軍備是非論の具体的内容それ自体よりもそうした論議の底に流れる人々の思惟《しい》方法なり態度なり」を問題にしたいとし、「既成事実への屈伏」を批判しました。「講和論議はもう片づいた問題だからそんな問題をいつまでも蒸し返していては駄目だ」とあきらめ、それを前提とした議論を始めてしまえば、「問題提出のイニシァティヴをいつも支配権力の側に握られて、私達はただ鼻づらをひきまわされるだけ」に終わるというのです（「『現実』主義の陥穽《かんせい》――或る編輯者への手紙」一九五二年）。

集団的自衛権の行使をめぐって、あれだけ国論を二分した安保法制の問題について、私たちが既成事実として受け入れてしまうなら、同じことになるでしょう。また、もはや改憲は前提なのだから、改憲案を提案しないのは無責任だといった態度も、同じことにつながります。本書は、そうしたふるまいを潔しとせず、物事の是非を根底から考えることを目指しています。

本書の大まかな流れをご紹介しておきましょう。

最初の三つの章は、改憲問題の焦点である憲法九条にかかわります。

第一章（木村論文）では、安倍首相らが唱え自民党が推進しようとしている「自衛隊明記」案の問題性が論じられます。国民の生命や自由を護《まも》るため、必要最低限度の武力行使は認められるという二〇一四年までの政府解釈が妥当なものであったのに対し、「存立危機事態」においては集団的自衛権が行使できるという解釈への変更は無理で、したがって安保法制は違憲であることが示されます。もしも自衛隊について憲法に「明記」しようとすれば、集団的自衛権を認めるかといった問題が改めて焦点とならざるをえないのです。

第二章（青井論文）で取り上げられる「新九条論」とは、九条の「欺瞞《ぎまん》」や現状との「乖離《かいり》」を強調し、「立憲主義や平和主義のための改憲論」をかかげる一連の議論を指します。これに対し、実力の統制は憲法だけでできるものでなく、政治の劣化が進む現在、新九条論者のように文民統制規定を憲法に盛り込めばいいと考えるのは現実的でないこと、また、憲法とは条文に加えて解釈や諸政策が集まった全体としての「プロジェクト」であり、戦後積み重ねられてきた九条というプロジェクトが重要であることが示されます。

第三章（柳澤論文）では、アメリカの戦争に巻き込まれないための戦略である専守防衛路線を、安保法制以後、政権が踏み外したことが批判されます。周辺諸国の核などの脅威が強調されがちですが、軍事対決のコストが大きすぎる以上、相手に安心供与をする対話路線しかないことが示されています。また、「自衛隊がかわいそう」だから憲法に明記するという安倍首相の説明に対し、自衛隊の現場を知る元防衛官僚としての立場から反論がなされています。

続く二つの章は、改憲論議をめぐる政治状況についてです。

第四章（中野論文）は、戦後日本政治史をふりかえりながら、改憲勢力がどのような変容をとげてきたのかを明らかにします。憲法制定当時には復古主義的な勢力がありましたが、その後の冷戦期には、「利益の政治」を行う穏健な保守政権が続き、改憲志向は後景にしりぞいていきました。やがて冷戦の終結と共に新自由主義化が進み、従来の改憲対護憲という対立軸が崩されます。「利益の政治」に代わり、安倍政権のような復古主義的な保守による「アイデンティティの政治」としての改憲の動きが始まったのです。

第五章（西谷論文）は、日米の政治の現状を比較しつつ、現在の改憲論議の背景を明らかにするものです。トランプ大統領登場の背景には、かつての優位を脅かされているという白人たちの「被害感情」があること。そして、「歴史否認」によって自分たちの過去には目をつぶりながら、アメリカにどこまでも追随しようとする日本の姿。戦争への反省にもとづく憲法九条の改憲は、対米従属の明記に他ならないことが示されます。

続く二つの章では、九条以外のいくつかの論点が取り上げられます。

第六章（山口論文）は、解散権の問題が扱われます。欧米各国の解散権のあり方が歴史的にふりかえられ、とりわけドイツで、ヒトラーによる独裁の経験を受けて、解散権が厳しく制限されていることが明らかにされます。次に日本の政治史上、「解散は首相の専権事項」というドグマが徐々に定着してきたものの、それには憲法上の根拠は乏しいことが示されます。近年、与党や首相の都合による恣意的な解散が目につき、解散権の制約はぜひ必要ですが、それは改憲でなく法律により可能なのです。

第七章（杉田論文）は、憲法改正国民投票についてです。一部の論者は、主権者である国民の意思を確認する国民投票の機会が多ければ多いほど民主的だなどと主張しています。しかし、改正案の内容も投票時期も政治家に委ねられている点で、憲法改正国民投票は「上からの」国民投票にすぎません。その他にも、広告が無制限で資金のある勢力に有利であることや、選挙と同時に実施されると混乱が生じることなど、多くの問題が指摘されます。

最後の第八章（石川論文）は、本書のしめくくりとして、財政の観点から立憲主義のあるべき姿を示します。一九世紀ドイツの、軍事財政の統制をめぐる政府と議会の間の熾烈《しれつ》な闘争の経験をふまえ、明治憲法には、軍事予算への一定の歯止めがありました。ところが「統帥権の独立」によりこれが崩されたことが、日本を破局へと導きます。その反省の上に生まれた現行憲法において、軍事財政の規律を担っているのは、財政支出条項に加えて、実は、「戦力」を否定する九条の二項であること。ここに九条の意義が再確認されます。

本書の執筆陣は、「立憲デモクラシーの会」の中心的なメンバーです。この会は、憲法の改正規定である九六条の緩和により立憲主義を弱めようとする動きに反対する「九六条の会」を母体とし、二〇一四年に発足しました。内閣法制局の無力化など、権力へのブレーキを次々にはずし、立憲主義をないがしろにして、近代憲法の基本を逸脱しようとする動きについて、憲法学や政治学、人文学の立場から批判的な分析を行うのがこの会の目的です。大学を会場とする講座や、インターネットによる講座などを通じて、適宜メッセージを発信していますので、今後も活動にご注目ください。

(http://constitutionaldemocracyjapan.tumblr.com/　twitter: @rikkendemocracy)

本書の執筆にあたり、集英社新書編集部の落合勝人氏には企画段階からご尽力をいただきました。戦後日本における人文書出版の意義を思想史的に考察する研究者でもある落合氏のご助言は大変貴重なものでした。そして、編集実務を担当された穂積敬広氏ともども、関係者の皆様に深く感謝します。

二〇一八年七月

執筆者を代表して　杉田　敦

木村草太(きむら そうた)
一九八〇年生まれ、首都大学東京教授。

青井未帆(あおい みほ)
一九七三年生まれ、学習院大学教授。

柳澤協二(やなぎさわ きょうじ)
一九四六年生まれ、元内閣官房副長官補。国際地政学研究所理事長。

中野晃一(なかの こういち)
一九七〇年生まれ、上智大学教授。

西谷 修(にしたに おさむ)
一九五〇年生まれ、東京外国語大学名誉教授。

山口二郎(やまぐち じろう)
一九五八年生まれ、法政大学教授。

杉田 敦(すぎた あつし)
一九五九年生まれ、法政大学教授。

石川健治(いしかわ けんじ)
一九六二年生まれ、東京大学教授。

「改憲《かいけん》」の論点《ろんてん》

二〇一八年七月一八日 第一刷発行

集英社新書〇九三九A

著者……木村草太《きむらそうた》／青井未帆《あおいみほ》／柳澤協二《やなぎさわきょうじ》／中野晃一《なかのこういち》／西谷 修《にしたにおさむ》／山口二郎《やまぐちじろう》／杉田 敦《すぎたあつし》／石川健治《いしかわけんじ》

発行者……茨木政彦

発行所……株式会社集英社

東京都千代田区一ツ橋二-五-一〇 郵便番号一〇一-八〇五〇

電話 〇三-三二三〇-六三九一(編集部)
〇三-三二三〇-六〇八〇(読者係)
〇三-三二三〇-六三九三(販売部)書店専用

装幀……原 研哉

印刷所……大日本印刷株式会社 凸版印刷株式会社

製本所……加藤製本株式会社

定価はカバーに表示してあります。

 ISBN 978-4-08-721039-2 C0231